영화 읽고 수업하고, 수업하며 영화 읽기

〈버팔로 라이더〉
- 영화 읽기 수업을 만드는 방법

버팔로 라이더

발행일	2018년 5월 11일

지은이	사각형프리즘		
펴낸이	손 형 국		
펴낸곳	(주)북랩		
편집인	선일영	편집	오경진, 권혁신, 최승헌, 최예은, 김경무
디자인	이현수, 김민하, 한수희, 김윤주, 허지혜	제작	박기성, 황동현, 구성우, 정성배
마케팅	김회란, 박진관, 조하라		
출판등록	2004. 12. 1(제2012-000051호)		
주소	서울시 금천구 가산디지털 1로 168, 우림라이온스밸리 B동 B113, 114호		
홈페이지	www.book.co.kr		
전화번호	(02)2026-5777	팩스	(02)2026-5747

ISBN	979-11-6299-120-6 04370(종이책)	979-11-6299-121-3 05370(전자책)
	979-11-6299-786-4 04370(종이책)	

이 도서의 국립중앙도서관 출판예정도서목록(CIP)은 서지정보유통지원시스템 홈페이지(http://seoji.nl.go.kr)와
국가자료공동목록시스템(http://www.nl.go.kr/kolisnet)에서 이용하실 수 있습니다.
(CIP제어번호: CIP2018013956)

(주)북랩 성공출판의 파트너

북랩 홈페이지와 패밀리 사이트에서 다양한 출판 솔루션을 만나 보세요!

홈페이지 book.co.kr • **블로그** blog.naver.com/essaybook • **원고모집** book@book.co.kr

이 책은 HYUNDAI RB 후원으로 출판되었습니다.

영화 읽고 수업하고, 수업하며 영화 읽기

〈버팔로 라이더〉
– 영화 읽기 수업을 만드는 방법

북랩 book Lab

부산
국제
어린이
청소년영화제

Busan
International
Kids &
Youth Film Festival

BIKY

BIKY

부산국제어린이청소년영화제
Busan International Kids & Youth Film Festival

부산국제어린이청소년영화제(BIKY)는 어린이와 청소년이 만나고 참여하는 우리나라를 대표하는 영화·문화 축제로서 국제 어린이·청소년 영화 네트워크의 구심점역할을 하고 있습니다. BIKY는 관객이 단순히 영화를 보는 데 그치지 않고 영화를 매개로 한 체험과 교육을 지향하며, '유네스코 영화창의도시 부산'의 이미지를 높이고있습니다. 더불어 수익만 중요하게 여기는 미디어 산업에 맞서 다양한 영화를 발굴하고 폭넓은 감상 기회를 제공하며, 어린이·청소년 영상문화의 수준을 높이고 관객층을확대하는 데 힘쓰고 있습니다.

BIKY는 어린이와 청소년이 영화를 보고 만들고 토론할 수 있는 마당입니다. 2005년에는 부산국제어린이영화제(Busan International KIds Film Festival: BIKI)라는 이름으로 프리 페스티벌을 열어 6개 나라 45편의 영화와 어린이가 직접만든 영화를 상영하며 영화제의 인프라와 프로그래밍 시스템을 갖추었습니다.

2006년 8월 15일부터 8월 19일까지는 '영화의 아이, 바다에 첨벙'이라는 슬로건을 내걸고 제1회 부산국제어린이영화제(BIKI)를 열었습니다. 19개 나라 102편의 영화와 어린이가 제작한 영화를 상영하였으며 430명의 게스트와 6,799명의 관객이 참여하였습니다. 해마다 규모를 키워 2015년 제10회 영화제에서는 청소년 부

WE ARE ALL UNIQUE 달라도 좋아!

나와 키도 성별도 성격도 다른 내 친구,
우린 모두 서로 다른 생각과 행동로 살아가요.
세상은 서로 다른 친구들과 모여 살아가기 때문에
더 흥미롭고 재미있는 것 아닐까요?

분을 추가하여 영화제의 이름을 부산국제어린이청소년영화제(Busan International Kids & Youth Film Festival: BIKY)로 바꾸었습니다. 2017년 제12회 영화제에서는 42개 나라 173편의 영화를 상영하였으며 12개 나라 292명의 게스트와 1만 5천 명이 넘는 관객이 참여하였습니다.

BIKY에는 여러 가지 프로그램이 있습니다. 어린이와 청소년이 직접 제작한 영화를 상영하는 섹션에는 국제 경쟁 부문인 '레디~액션'과 비경쟁 부분인 '리본 더 비키'가 있습니다. 초청 영화는 〈너와 더불어〉〈나를 찾아서〉〈다름 안에서〉〈경계를 넘어서〉〈비키 특별전〉〈아시아 파노라마〉〈야외극장〉 이름으로 나누어 상영합니다. 부대 행사로 영화 관련 국제 포럼, 국제청소년영화캠프, 어린이·청소년 영화인의 밤, 영화 제작 체험, 영화 놀이터, 영화 읽기 교사 직무연수를 진행합니다.

BIKY의 슬로건은 "달라도 좋아!"입니다. 영화제에 참여한 어린이와 청소년이 서로 개성을 존중하고 다름을 인정하길 바라기 때문입니다. BIKY는 서로 다른 사람들이 평화롭게 살아가는 세상을 꿈꿉니다.

목차

무엇보다
먼저,
〈버팔로 라이더〉를
볼 것.

NAVER 영화 다운로드 서비스나
IPTV 영화보기에서 관람할 수 있습니다.

짧은 역사

서른 두 글자 연구소

우리 연구소의 공식 명칭은 〈부산국제어린이청소년영화제 부설 어린이미디어교육연구소 사각형 프리즘〉이다. 사무실이 위치한 부산교육대학교까지 넣으면 연구소 이름은 서른아홉 글자로 늘어난다. '부산'에서 '어린이'를 위한 '영화제'를 하려는데 외국 작품도 상영하니 '국제'가 붙었고 영화제의 규모가 커지면서 '청소년'이 추가되어 지금에 이르렀다. 영화제 이름이 길어서 생기는 불편을 줄이고자 영문 머리글자를 따서 'BIKY(Busan International Kids and Youth film festival)'로 부른다. 이렇게 긴 이름을 가진 영화제에 소속되어 '미디어'와 '교육'을 연구하고, 연구소 고유의 이름인 '사각형 프리즘'을 붙이니 소개할 때마다 서른 두 음절을 말해야 한다. 불편함은 우리만 느끼는 게 아닌지, 어느 날부터 사람들은 우리 연구소를 '프리즘' 또는 '사프'라고 줄여서 불렀고 우리도 따라 쓰기 시작했다.

사프의 영화 읽기

2008년 봄. 연구소가 문을 열었을 때만해도 영화를 활용한 수업은 다채롭지 않았다. 영화를 활용한 수업은 대체로 영화의 소재와 주제를 고려해서 교과 내용을 보완하는 자료에 그칠 때가 많았다. 예를 들어, 불굴의 의지를 표현한 〈우리 생애 최고의 순간〉은 도덕수업에, 천재 수학자가 나오는 〈굿 윌 헌팅〉은 수학수업에, 다큐멘터리 〈지구〉는 과학수업에, 의료

보험 문제를 고발한 〈식코〉(sicko)는 사회수업에 활용하는 식이다. 이런 방법은 교과서의 문자 텍스트를 단지 영상 텍스트로 바꾸었다는 점 빼고는 창의적이지도 않고, 종합예술인 영화의 교육적 가능성을 시청각 자료로 제한하였다.

우리의 첫 번째 목표는 '영화 보기'를 '영화 읽기' 수업으로 바꾸는 것이었다. '영화 읽기'는 교과 내용과 관련 있는 영화를 보여주기만 하는 수준을 넘어 영화에 나오는 인물과 상징을 유심히 살피고 대사 한 토막까지도 우리의 삶에 견주어 보며 세상을 이해하는 안목을 기르는 감상방법이다. 처음에는 달마다 모여 한 편의 영화를 보고 두세 시간 읽어냈다. 〈트루먼 쇼〉, 〈아름다운 세상을 위하여〉, 〈지슬〉, 〈타인의 삶〉, 〈천국의 아이들〉, 〈이웃집 야마다군〉, 〈키리쿠와 마녀〉. 영화 속 등장인물의 어눌함에 화를 내다가 그 인물이 바로 자신임을 알고 울었던 A, 롤러코스터처럼 파란만장한 삶에 지쳐 푸념을 늘어놓던 B, 자신을 옭아매는 가난한 어린 시절의 기억 때문에 힘들어하던 C, 그동안 교실에서 아이들을 줄 세우고 자기 마음대로 판단해버렸다며 후회하던 D. 영화를 읽는 시간은 우리 내면을 치료하고 내일을 준비하는 시간이었다. 누가 먼저랄 것도 없이 초등학교 교사인 회원들은 우리 모임에서 영화를 읽은 방법을 교실에서 적용하기 시작했다. 이렇게 저렇게 나온 이야기를 모아 '초등학교 교사를 위한 미디어 교육의 실제'를 펴내고, 아르떼에서 이 년 동안 지원을 받아 '영화 읽기 수업 모델: BIC'와 '영화 읽기 수업의 실제'를 연구했다. 모임이 조금씩 알려지면서 EBS '선생님, 선생님, 우리선생님' 프로그램에 '영화로 배우는 세상'이라는 제목으로 연구소가 소개되었다. 우리는 영화를 읽어내고, 읽어낸 영화를 다시 아이들 영화로 만들기도 하면서 영화를 통해 우리 삶을 읽어내는 연습을 계속했다.

그러던 어느 날 우리가 하는 영화 읽기 방식의 한계를 느끼게 되었다. 교사마다 영화를 해석하는 관점과 영화를 본 아이들의 반응이 다르다보니 어느 교사나 쉽게 이해하고 따라해볼 수 있는 활동을 구성하기가 어려웠다. 연구원들이 만든 활동이 다른 장소에서는 쓰이기 어려운 일회용이 되어버린 것이다. 연구의 한계를 인정하고 그대로 갈 것인지 새로운 돌파구를 찾을 것인지 고민했다.

큰 변화 없이 몇 년이 지나고 우리는 우연히 특별한 기회를 만났다. 2015년 여름, BIKY 김상화 집행위원장이 매년 영화제에서 상영하는 작품으로 영화 읽기 수업을 만들어보면 어떨지 제안했다. 영화 읽기 수업만큼은 준비되었다고 자부한 우리는 두렵지 않았다. 개막작부터 한 작품씩 읽어냈다. 고민의 시간은 우리를 성숙시켰음이 분명했다. 우리는 밀린 숙제를 하듯 자기 경험을 영화에 빗대어 표현하고, 영화 대사를 만들거나 캐릭터를 분석하며 활동을 만들어 냈다. 영화를 해석하는 여러 가지 방법을 갖추면서도, 교사 개인의 자의적인 해석에서 오는 단점을 극복하는 영화 읽기 수업을 고민했다.

활동을 만들어 볼까?

영화는 줄거리로도, 짧은 순간 스쳐가는 한 장면으로도 읽어낼 수 있다. 둘 중 하나를 고집할 필요는 없다. 문제는 줄거리를 해석하는 방식이다. 지금까지 우리는 수업에 참여하는 사람의 경험을 이끌어내는 읽기 방법을 선택해왔다. 그러다보니 각자 자기 경험대로 영화를 읽어내는 한계에서 벗어날 수가 없었다.

그동안의 영화 읽기를 돌아보면 한 명이 영화에서 받은 느낌을 이야기하면 자기도 비슷한 느낌이나 경험이 있다며 맞장구를 칠 때가 많았다. 우리의 삶이 다르니, 어떤 장면에 대한 해석이 다를 수는 있지만 아주 특별한 경우를 제외한다면 우리는 분명 유사한 경험을 공유하고 있었다. 바로 이 '유사한 경험'에 초점을 맞추어 새로운 영화 읽기 활동을 구상했다.

우리의 영화 읽기는 주로 대화에 의존했다. 옹기종기 모여 앉아 두 세 시간 떠들고 나면 가슴 속에 쌓인 찌꺼기가 사라졌다. 하지만 그렇게 시원한 마음도 오래 가지는 않았다.

"몸이 기억하게 만들어볼까?"

앉아서 하는 영화 읽기를 움직이는 영화 읽기로 바꾸어 보았다. 영화를 본 뒤에 이리 저리 돌아다니면서 마치 부스를 체험하듯 영화를 읽어낼 방법을 고민했다. 2015년 영화제를 준비할 때 어떤 내용이든 게임으로 만들어 버리는 '놀공발전소'를 만난 경험은 우리의 상상이 실현될 수 있음을 확신하게 해 주었다. 관객에게 스스로 의미를 찾으라고 강요하지 않지만, 우리가 준비한 활동을 하면서 자연스럽게 영화와 삶을 연결하는 경험을 가질 수 있을 것이라 생각했다. 누군가 걱정스런 표정으로 말을 꺼냈다.

"그런데요, 그 활동을 하고도 아무 느낌이나 생각이 없으면 어쩌죠?"

"우리의 목표는 밥을 입에 넣어주는데 있어요. 소화는 삼키는 사람 몫 아닌가요?"

대답에 자신이 생겼다.

버팔로 라이더 Buffalo Rider

문제 **사프가 영화 읽기 수업의 첫 작품으로 〈버팔로 라이더〉를 선택한 이유는 무엇일까요?**

① 이야기 구성이 탄탄해서
② 화면이 아름다워서
③ 캐릭터의 특징이 선명해서
④ 어린 시절을 떠올리게 해서
⑤ 읽어 볼 요소가 많아서

모두 답이다. 한 가지가 빠졌을 뿐. 〈버팔로 라이더〉의 국내 판권이 BIKY에 있기 때문이다. 영화 한 장면을 책에 넣으려 해도 저작권을 따져야 하는 시기에 마음껏 가공할 수 있는 영화가 사프에게도 생긴 것이다.

영화 읽기와 수업

보통 영화 수업이라고 하면 영화 만들기를 떠올린다. 대부분의 영화 만들기 수업은 기획, 촬영, 편집, 감상으로 구성되며 영화를 만드는데 필요한 기술을 배우는데 초점을 둔다. 그렇다보니 촬영과 편집에 치우친 수업이 많다.

지난 십여 년 동안 여러 형태의 영화 수업이 소개되었지만 안타깝게도 영화를 읽는 수업은 찾아보기 어렵다. 물론 '영화 감상반' 동아리가 있는 학교는 많겠지만 최신 영화를 '보기만 해서'는 교육적인 경험을 기대하기 어렵다. 어른들은 영화를 보고나서 '무엇을 배웠습니까?', '이 영화의 교훈은 무엇입니까?'를 묻고 싶어 하고, 아이들은 '재미있다, 없다', '주인공인 예쁘네, 잘생겼네'로 감상을 끝내려고 한다. 하지만 영화 읽기는 영화가 끝난 시간부터 시작된다.

우리는 영화를 읽는 목적을 네 가지로 나누어 고민했다. 첫째, 영화를 감상하는 안목을 키운다. 영화는 줄거리와 사건으로 생각할 수 있고 영화 속 캐릭터의 삶을 파고들 수도 있다. 영화 속에 나타난 비유와 상징을 찾아보고 다른 장르의 작품과 영화를 비교할 수도 있으며 심리학이나 철학의 이론으로 견주어볼 수도 있다. 둘째, 영화를 통해 '나'를 돌아보는 경험을 한다. 영화를 장치나 이론으로만 보면 영화 읽기의 의미는 반감된다. 영화 읽기를 통해 무엇을 배운다는 의미는 영화 속에 나오는 여러 가지 처지에 나를 놓아보고 상상하는 과정에서 생겨난다. 셋째, 다른 사람과 영화를 해석하는 차이를 경험한다. 사람은 자기 경험에 비추어 영화를 본다. 그래서 영화를 해석할 때 비슷하면서도 다른 점이 생긴다. 이 다름을 발견하고 이야기하면서 다른 사람을 이해하게 된다. 우리는 '남의 처지에서 생각해 보라'는 말을 수도 없이 들으며 산다. 남의 처지에서 생각하려면 우리는 동일한 상황에서도 다르게 느끼는 경험을 터놓고 이야기해야하는데 영화 읽기는 아주 좋은 기회가 된다. 넷째, 영화를 통해 삶을 의미화 시킨다. 영화 속에는 여러 가지 삶의 모습이 나타나있다. 우리는 그 모습을 그대로 따라가지 않는다. 영화를 읽으며 나를 돌아보고, 나와 타인의 차이를 느꼈다면 이제 어떻게 살아가야할지 고민한다. 삶은 나에게 어떤 의미인지, 내 삶에 다가오는 여러 가지 장면을 어떻게 받아들여야 할지 고민하며 새로운 삶의 장면으로 들어가 보는 것이다.

아이들에게 영화 읽기를 통해 네 가지 목표를 달성하려면 영화 읽기가 중심 활동이 되는 수업이 필요하다. 이 책을 만든 목적이다.

영화 소개

영화에 등장하는 주인공은 제니와 어머니, 양부, 외할머니와 그의 가족, 분로드와 분로드 가족, 아칫, 아칫과 할아버지, 아칫의 친구, 물소 삼리이다. 영화의 배경은 미국과 태국이다. 태국에서 태어난 제니의 어머니는 목소리로 사람을 치유하는 신적인 능력을 지닌 공주였다. 하지만 어머니는 어느 날 갑자기 죽음을 맞이하게 되고, 그 충격으로 인해 제니는 말을 잃어버리게 되었을 뿐만 아니라 내성적이면서도 공격적이 되었다. 이를 바꿔보려고 제니를 사랑하는 미국인 양아버지는 제니를 외할머니가 계신 태국 중부의 오지로 보낸다. 인터넷으로 소통하는 제니는 태국의 낯선 오지가 감옥처럼 느껴진다. 스스로를 낯선 행성에 갇힌 죄수라고 생각하여 탈출을 기획한다.

외할머니는 제니를 학교에 보내고 그 곳에서 제니처럼 말을 하지 못하는 분로드와 분로드가 키우는 물소 삼리를 만난다. 분로드는 아버지에게 폭력을 당하고, 마을에서는 지역 유지의 손자인 아칫과 그의 친구들로부터 따돌림을 당한다. 그의 유일한 친구는 사람이 아닌 아픈 물소, 삼리이다.

제니와 분로드는 서로 아픔을 공감하는 친구가 되고, 이 과정에서 성장을 경험한다. 이 영화에는 현대 문명을 상징하는 돈, 속도감, 도시, 과학 기술, 디지털 미디어와 근대 문명으로 상징되는 물소, 산, 숲 속, 낡은 자동차, 낡은 집이 대조를 이룬다. 도시 사람으로 상징되는 양부, 시골 사람으로 상징되는 외할머니와 가족 그리고 그 경계에 처한 제니, 분로드, 아칫과 그의 친구들, 선생님이 등장한다. 경계에 있는 제니, 분로드의 공통점은 말을 하지 못한다는 것이다. 이들의 감각은 살아있지만, 언어로 표현할 수 없기에 몸으로 표현한다. 나머지 등장인물은 언어로 표현할 수 있지만, 자신의 감각뿐만 아니라 타자를 느끼는 감각이 발달하지 못했다. 그래서 친구를 괴롭히고 가족을 때린다. 분로드의 엄마는 언어를 사용하지만 아들이 맞는 것에 저항하지 못한다. 교사는 자신의 감각이 아닌 사회화된 언어에 익숙하기 때문에 학생들을 이해하기보다는 비난과 처벌을 선택한다.

이 영화에서 제니와 분로드의 성장은 언어와 연결되어 있다. 두 주인공이 자신의 언어를 회복하는 과정은 서로의 상처를 이해하고 공감하는 것에서 시작된다. 제니는 분로드의 가난을 공감하고, 분로드는 제니의 죽음에 관한 공포를 불살라 준다. 제니는 자신의 언어를 찾으면서 치유능력을 회복하고, 분로드는 진정한 삶의 경주를 시작하게 된다.

조엘 소이슨 감독의 메시지

안녕하세요.

제가 직접 부산에 가서 <버팔로 라이더>를 소개하고 싶었지만 불행하게도 시애틀에 발이 묶여 있습니다. 시애틀은 부산이랑 비슷하지만 스타벅스가 좀 더 많습니다.

저는 지난 해 부산국제어린이청소년영화제에서 세계 최초로 <버팔로 라이더>를 상영한 점을 매우 자랑스럽게 생각합니다. 영화제 기간 동안 평생 간직할 기억과 우정을 가지고 돌아왔습니다. 특히 김상화씨의 엄청난 관대함과 너그러움 그리고 창의성에 다시 한 번 감사드리고 싶습니다. 부산국제어린이청소년영화제 이후 우리 부부는 전 세계적으로 수십 개의 영화제에 초청 받아서 다녀왔습니다. 거의 모든 초청은 부산에서 우리 영화를 본 사람들이거나 우리가 만든 영화 소식을 들었던 사람들이 해 주었습니다. 정말 대단한 일이라고 생각합니다.

우리는 경계는 허물기 위해 이 영화를 만들었습니다. 이 영화는 좋은 사람과 노래에 대해 이야기합니다. 비록 처음 보기에는 그들의 삶의 방식과 전통이 약간은 이상하게 보일지라도 말입니다. 그런 면에서 아마도 현재까지 이보다 더 좋은 시간은 없을 것입니다. 또한 이 영화는 제가 어릴 적에 봤으면 어땠을까 하는 영화입니다. 모험, 반전, 코미디, 조금의 공포와 로맨스가 들어있는 영화지요.

저는 경마가 나오는 영화를 보면서 자랐습니다. <버팔로 라이더>는 말과는 완전히 다른 동물로 레이싱 영화를 만들 수 있는 기회를 주었습니다. 저는 이 영화로 레이싱의 열정을 담아내고 싶었습니다. 뿐만 아니라 한없이 동물을 사랑하는 라이더들의 사랑을 보여주고 싶었습니다. 또한 매우 빠른 속도로 사라져가는 삶의 방식을 보여주고 싶었습니다. 이는 아마도 수십 년 내에 완전히 사라지게 될 지도 모릅니다. 단지 아이들에 대해서만 말하려 하지 않는 영화를 만들려 노력했습니다. 몇몇 어른들의 이야기와 가혹한 현실도 영화에 넣었습니다. 영화는 우리가 살아가고 있는 세계를 보여준다고 생각합니다. 아이들이 어른이 되어가면서 배워가는 과정의 일부입니다. 무엇보다도 시간을 내서 우리 영화를 보러 온 여러분들께 감사의 말을 전하고 싶습니다. 이것은 우리에게 커다란 의미입니다.

우리 영화를 즐겨주시길 바랍니다.

감사합니다.

*2016년 부산국제어린이청소년영화제에서 〈버팔로 라이더〉를 앵콜상영 했을 때 조엘 소인슨 감독이 보내온 메시지입니다.

1부

영화 읽기의
접근법

줄거리

엄마의 죽음으로 실어증에 걸린 제니는
뉴욕 중심가에서 태국의 오지 마을로 보내어진다.

그곳에서
늙은 물소 삼리를 타고 다니는 분로드를 만난다.

세상을 버리려는 제니
세상에서 버림받은 분로드

현실에서 달아나려는 제니
현실로부터 떠밀려나는 분로드

유일한 탈출구는 물소 경주 대회의 우승

둘의 경주는 어떻게 끝날까?

영화 읽기 1 - 줄거리와 사건

가장 흔한 영화 읽기의 방법
영화를 이야기로 보는 접근
영화 이야기의 정확한 이해가 목적
다른 방법의 영화 읽기와 자주 결합 됨
영화의 내용을 파악하고
이야기와 사건의 인과관계를 추론하며
영화 속에 나타나지 않은 이야기를
상상하는 활동도 한다.

영화를 오직
줄거리와 사건으로만 보는 사람은
영화를 본 후에 이런 생각을 한다.
'이 영화의 교훈이 뭐지?'
'이 영화를 왜 만들었지?'

다음의 분류는 줄거리와 사건으로 영화를 읽는 수업을 할 때 자주 하는 질문이다.

[내용 파악하기]
· 제니가 태국에 온 까닭은 무엇일까?
· 분로드가 교실에서 벌을 서는 이유는 무엇일까?

· 아칫의 할아버지가 "결승전의 우승은 분로드"라고 이야기한 까닭은 무엇일까?

· 제니는 노래를 부르고 나서, 말을 할 수 있게 되었을까?

· 10년 뒤 제니와 분로드는 어떤 인생을 살고 있을까?

· 이 영화에서 말을 못 하는 주인공을 내세운 이유는 무엇일까?

마침내 사람들은 공주의 딸을 불렀다.

"당신은 공주님의 딸입니다."

"당신도 공주님과 같은 능력이 있어요."

소녀는 노래를 불러 어머니를 살리려 했지만, 소리가 나오지 않았다. 결국, 공주는 죽고 말았다. 그리고 소녀의 능력도 사라졌다. 충격을 받는 소녀는 입을 닫아버렸다.

– 영화 도입부

· 제니의 엄마가 태국의 공주라면 제니의 할머니는 왕비인데 할머니의 모습은 왜 이럴까?

〈트럭을 타고 가는 제니와 할머니〉

영화 읽기 2 - 캐릭터

영화 속 캐릭터는 여러 가지 삶의 모습을 보여준다.

죄책감에 빠져 자신을 괴롭히고 세상과 단절하려는 제니
타고난 환경에서 벗어나려고 발버둥 치는 분로드
모범생으로 인정받고 싶어 하는 아칫
끝없는 사랑으로 제니를 기다려주는 할머니

캐릭터의 삶을 읽어 나갈수록 오히려 내 삶을 돌아보고 이해하게 된다.

영화 속 등장인물은
오늘을 살아가는
내 삶의 조각들이다.

제니처럼 반항해보고
분로드처럼 자유로우며
아칫처럼 부유하게 살고 싶고
삼리처럼 한 번쯤은 자신의 한계를 넘어
나를 둘러싼 모든 눈길을 이겨보고 싶다.

무책임하고 폭력적인
분로드의 아버지를 혼내주고 싶다가도

그가 살아온 과정을 상상하면
나도 그럴 수 있다는 생각이 들어
애처로운 마음이 생긴다.

영화 속 인물을 이해하고,
그 인물을 둘러싼 사회를 해석하는 과정이
'캐릭터로 영화 읽기'이다.

영화 읽기 3 - 비유와 상징

[은유]

어머니 마음은 바다이다.
내 방은 시베리아 벌판이다.
본 관념을 담은 장면과 보조 관념을 담은 장면이 이어질 때 생기는 의미

물소 위에 누워있는 분로드
나무 아래에 누워있는 개
두 장면이 이어지면서
여유롭고 편안한 분로드의 일상을 표현한다.

물소를 탄 아칫이 친구들과 등장하면
분로드가 자리를 피하고
개도 자리에서 일어난다.
세 장면의 연결은
분로드를 개처럼 함부로 대하는 아칫과 친구들의 태도를 표현한다.

당연히 물고기도
우리 할아버지 소유야

1부 영화 읽기의 접근법

[환유]

부분으로 전체를 나타내고
전체를 부분으로 표현하는 비유

할머니가 제니에게 건넨 메뚜기 튀김은
깨끗하고 세련된 도시 뉴욕에 비해
날 것 그대로인 태국 문화를 의미한다.

분로드를 때린 분루아의 채찍은
분로드를 둘러 산 억압을 보여주고,
분로드가 물소 경기 중에
삼리를 때리던 채찍을 놓는 장면은
분로드 스스로 억압된 상황을 극복하려는
의지를 보여준다.

분로드가 제니 다리에 붙은
거머리를 떼어 내는 장면은
제니의 육체적인 고통뿐 아니라
마음속 상처까지 치료함을 의미한다.

〈버팔로 라이더〉는
인생을 경주에 비유한 영화이다.

1부 영화 읽기의 접근법

[상징]

제니 엄마의 목을 조르는 나무
악마처럼 제니 꿈에 나타나는 나무
나무를 태워버리는 제니와 분로드

본 관념이 생략된 채 보조 관념만 나타나는 비유
영화를 읽는 재미는 상징을 읽는 재미이다.

상징은 특정한 사물로 나타날 때가 많지만
화면의 색이나 배경 음악으로 표현될 때도 있고
인물의 표정과 연기를 통해 드러나기도 하며
영화 자체가 특별한 의미를 상징하기도 한다.

농구공은 여러 가지 뜻을 담은 상징물이다.
어디로 튈지 모르는 제니의 성격
타인과 관계 맺고 싶은 제니의 욕구
새로운 상황을 헤쳐 나가게 돕는 마법구슬
제니의 분신
태블릿과 대비되는 오프라인의 도구

1부 영화 읽기의 접근법

영화 읽기 4 - 장르교차

영화를 다른 장르의 작품과 비교해서 읽기

영화와 동화
영화와 소설
영화와 시
영화와 팝
영화와 무용
영화와 만화
영화와 명화를 견주어 보며 읽을 수도 있다.

장르마다 표현 방식은 다르지만
예술은 인간의 삶을 다루고 있기 때문이다.

영화 〈버팔로 라이더〉와
동화 〈강아지똥〉을 넘나들며 읽어보기

분로드와 강아지똥, 제니와 민들레
비슷하면서도 다른 느낌을 맛볼 수 있다.

영화 읽기 5 - 인문학

영화에서 벗어난
영화 읽기

윤리학, 문학, 심리학, 사회학의 눈으로
영화 읽기

영화의 겉과 속을 들여다보기
〈버팔로 라이더〉를 보며
미국과 태국의 결혼관과 가족구조를 비교하고
제니의 욕망 구조를 들춰내며
나무에 담긴 신화를 찾아보기

분로드가 아칫의 집에서 태어나고
아칫이 분로드의 집에서 태어났더라도
둘의 성격은 영화처럼 나타났을까?

영화 속 인물은 선과 악으로 구분될까?
선한 인물은 행복한 결말을 맞이할까?

2부

캐릭터로
읽기

제니

생명을 살릴 수 있는 능력을 타고났지만
엄마를 살리지 못한 죄책감으로
다시는 노래와 말을 하지 않는다.

당장 떠나지 않으면 미쳐버릴 것 같은
태국의 할머니 댁으로 보내지고
이런 곳에서도 버림받은
분로드를 만난다.

자기의 삶에서 도망치지만
오히려 잃어버린 자신의 모습을 발견한다.

분로드와 버팔로 경주에 나가지만
아칫 친구들의 방해에
삼리는 경기장을 벗어나고, 숨을 거둔다.
바로 그 때 제니의 입에서
어머니가 주신 생명의 노래가 흘러나오고
삼리를 살린다.

분로드

늙은 물소 삼리의 등에 올라 타서
게으름을 부리는 게 유일한 즐거움인 아이

친구들에게 쫓기고
선생님에게 야단맞고
부모에게 학대 받으며
짐승 같은 삶을 살아가는 중에

다른 행성에서 온 듯한
제니를 만나고
운명을 건 물소경주에 출전한다.

목소리를 내지는 못하지만
헝클어진 머리
해진 옷
반짝이는 두 눈과
뜨거운 심장으로
말하는 아이

2부 캐릭터로 읽기

삼리

폭죽 소리에 놀라고
출발 신호에 주저앉아 버리는 겁쟁이 물소
삶의 어느 한순간에도
버팔로 경주에 나서지 못했음이 분명한
늙은 물소

분로드를 등에 태우고 이리 저리 다니며
즐거움을 느끼는 소박한 물소

분로드와 제니의 꿈을 안고
버팔로 경주에 나가
죽을 힘을 다해
최초의 뜀박질을 하지만
기적을 이루지는 못한다.

하지만
삼리의 희생은
제니의 목소리를 깨우고
마을 사람들의 갈라진 마음을 붙인다.

2부 캐릭터로 읽기

제니의 할머니

"태국 이름은 '잔타니'지만
'제니'라고 불러주세요."

손녀 제니를 끝까지 믿어주는
단 한 사람

죽은 딸을 그리워하지만
그 딸의 손녀인 제니를 구속하지 않는다.

숙성된 된장이고
흔들리지 않는 바위이며
조용한 새벽의 호수이다.

할머니는 말한다.
"걱정마라 제니는 옳은 일을 한 거다."

할머니의 믿음이 제니를 살려낸다.

아칫과 친구들

아칫.
겨우 열네 살이지만 지난해 버팔로경주의 우승자이며
마을 지주 쭌씨의 외동 손자

생활기록부에 책임감이 강하고 친구들과 우애 있게 지내며
웃어른께 예의 바르다고 적힐 법한 아이
마음보다 머리로 세상을 이해하는 아이

아칫의 친구들.
아칫을 위한, 아칫에 의한 삶을 살아가는
상담이 필요한 아이들

2부 캐릭터로 읽기

선생님

훌륭한 선생님은
때리고 윽박질러서라도
학생들이 수업시간에 맞춰 학교에 오게 하고
바르게 발표하도록 가르치면 된다고 생각하는
안타까운 사람

선생님의 머릿속에는 몇 가지 전제가 있다.

인생에는 성공하는 방법이 있다.
좋은 삶과 나쁜 삶이 있다.
열심히 노력하면 성공할 수 있다.
나는 최선을 다하고 있다.
나는 사람을 바꿀 수 있다.

그녀의 숙제.
아이들과 이야기 나누기
아이들의 삶 관찰하기
아이들의 삶 이해하기

1부 영화 읽기의 접근법

1. 영화 읽기를 위한 수업

복잡하고
재미있는
인생경주

함께 수업한 아이들

동삼초등학교 4학년 2반 스무 명

그동안의 영화 읽기처럼 앉아서 의미를 찾는 방식이 아닌, 움직이면서 체험하는 방식으로 영화 읽기를 만들어 보기로 했다. 석달 남짓, 퇴근 후 김밥 한 줄을 벗 삼으며 서너 시간 동안 많은 이야기를 했다는 것이 믿어지지 않는다. 새로운 영화 읽기 수업에 대한 목마름이 컸기 때문일까?

그런데 계속 이야기를 하다 보니 뭔가 이상한 점이 있었다. 지난 회의 때 이야기했던 것들이 계속 중복되고 있었다. 우리는 새로운 영화 읽기 수업을 디자인하자고 하면서 이전부터 계속되던 방식대로 영화를 이야기하고 있었던 것이다. 그런데 다수의 사람들은 영화를 보기 전에 먼저 본 친구에게 영화 내용을 묻거나 영화 줄거리를 검색하곤 한다. 이런 내용, 줄거리는 누가 만들어 가는가? 바로 영화 속 캐릭터이다. 우리 주변에서 일어나는 모든 일도 캐릭터 즉, 각각의 인물들로 인해 만들어지는 이야기들이다. 그래서 우리는 인물에 초점을 두고 영화 속 인물, 나와 내 주변 인물에 대해 생각하며 움직이면서 의미를 체험할 수 있는 '복잡하고 재미있는 인생경주' 수업을 디자인했다.

인생경주가 나오기 까지

우리의 목적은 분명하다. 아이들이 〈버팔로 라이더〉를 읽으면서 캐릭터를 중심으로 영화를 읽는 안목을 배우고, 나와 등장인물을 비교하면서 나를 돌아보는 것이다. 같은 등장인물이라도 친구들과 나의 해석이 다를 수 있음을 경험하고, 삶이라는 경주에 어떤 자세로 참여해야 하는지 의미를 만들어 보는 것이다.

〈버팔로 라이더〉 읽기 수업을 몇 시간으로 할지 고민했다. 우선 영화를 관람하고 간단히 내용을 정리하는 데만 세 차시가 필요하고, 영화 읽기가 낯선 아이들에게 수업의 의도와 진행을 설명하려면 추가 시간이 필요했다. 영화 속 캐릭터를 읽어 내는 과정, 나를 돌아보는 과정에도 두 차시씩 배분했다. 수업의 의미화에도 한 차시를 두어 전체 열 차시의 수업을 계획했다.

열 차시의 긴 수업에서 아이들이 방향을 잃지 않도록 수업 전체를 아우르는 이야기를 만들었다.

'인생경주'

영화 읽기 수업을 인생경주를 준비하는 과정으로 만들기로 하고 아이디어를 모았다. 영화 관람은 인생경주의 준비, 경주에 참여하는 선수들을 분석, 경주에 참여할 마음을 준비, 실제로 경주에 참여하기로 나누었다.

네 단계를 칠판에 크게 적어놓고 단계별 세부 활동을 계획했다. 각 단계별로 가능한 많은 활동을 적어두고 수업 내용과 흐름에 따라 불필요하거나 어울리지 않은 활동을 하나씩 지워갔다. 단계별로 한 두 가지 활동만 넣어서 아이들이 깊게 빠져들 수 있도록 계획했다.

이야기가 어느 정도 마무리되고, 이 수업은 동삼초등학교 이정석 선생님이 하기로 정했다. 정석샘이 한숨을 쉰다. 계획을 세우는 과정과는 다르게 실행에는 언제나 생각지 못한 장애가 생기기 때문이다. 매시간 수업을 마치면 정석샘이 그 날의 소감을 글로 적어 우리에게 전달해주고, 우리는 대처할 방법을 같이 고민하기로 했다. 예상대로 매번 수업마다 계획할 때는 생각지 못한 당황스러운 상황이 벌어지기도 했고 우리는 자료나 활동을 수정했다. 마지막 수업까지 마치고 아이들의 후기를 들은 후에야

길게 숨을 쉴 수 있었다.

수업 장면을 기록할 매체는 특정한 장면의 이미지만 전달하는 사진보다는 맥락을 다 볼 수 있는 영상이 효과적이다. 모든 수업은 두 대의 카메라로 앞뒤에서 촬영하였고, 촬영된 영상을 함께 보며 영화 읽기 수업 디자인을 마무리하였다.

영화감상(1-4)

"인생경주를 위한 준비를 하자"

인물 되어보기(5-6)

"인생 경주에는 다른 사람들도 함께 한다. 다른 사람이 되어보는 경험을 통해 다른 사람들을 알아보자."

나 돌아보기(7-9)

"경주에 참여하는 것은 본인이다. 자신을 알아야 제대로 경주에 참여할 수 있다."

인생경주(10)

"복잡하고 재미있는 인생경주를 함께하자."

영화 감상

영화를 보고
영화 속 인물들에 관해 이야기를 나누었다.

인상 깊은 인물은 누구였어?

끝까지 포기하지 않는 물소 삼리요.

말이 없는 아이, 노래로 생명을 살린 아이 제니요.

츤데레 같은 아이 분로드죠.

너랑 닮은 인물이 있었니?

제니죠. 저도 화나면 소리 내면서 때리거든요.

분로드요. 친구들에게 장난으로 많이 맞거든요.

분로드 아빠죠. 저도 친구에게 돈을 많이 빌리거든요.

아칫이예요. 엄마 오시면 동생에게 잘해주는 척하거든요.

닮고 싶은 인물이 있어?

삼리처럼 힘들어도 노력하고 싶어요.

제니처럼 누구에게나 강해지고 싶어요.

돈 받으러 다니는 사람처럼 돈 많이 벌고 싶어요.

3부 수업 활동-영화 읽기를 위한 수업

인물 되어보기 1

어린 시절 엄마가 해주시는 밥이나 빨래, 청소 등에 대해 당연하다고 생각했다. 그랬으니 어버이날 편지에도 쓸 말이 모자랐다. 고마움의 표현은 단순히 짧은 손 편지, 문자 한 통, 몇 초간의 안아주기가 전부였다. 결혼하고 아이를 키우면서 내가 부모의 위치에 서게 되었을 때 비로소 엄마의 처지를 경험하기 시작했다.

아이들이 영화만 본다고 그 인물의 마음을 제대로 느끼기는 어렵다. 내가 부모가 되었을 때 느꼈던 것처럼 아이들도 등장인물이 되어보는 경험이 필요했다. 역할극을 생각했지만 '연기'는 아무나 할 수 있지도 않고 준비하는 데 긴 시간이 걸린다. 고민 끝에 등장인물이 겪은 몇 장면을 해설자의 안내에 따라 행동으로 옮겨보는 '해설이 있는 마임'*으로 나타내고, 등장인물을 연기 한 학생에게 인터뷰를 하기로 했다.

영화 속에는 여러 명의 등장인물이 나오지만 수업 활동으로 바로 이어지도록 제니, 분로드, 아칫의 해설 대본을 만들었다.

〈제니의 대본1〉
난 알아듣지도 못하는데 옆에서 계속 이야기를 한다. 내 아이패드 배터리는 방전이 되어 꺼지지만, 어디에도 충전할 곳은 없다.

---

* 해설이 있는 마임 : 교사가 영화 속 문제나 사건의 내용을 알기 쉽게 풀어 설명한 글을 준비한다. 모둠원 중 한 명이 해설을 읽으면 나머지 학생들은 말은 하지 않고 몸짓으로 표현한다.

Q. 제니야, 어떤 마음이 들었니?

A. 어색한 도시에서 아이패드 사용을 못 하니까 막막하고 짜증 나. 그런데 말도 못 하니까 답답해.

〈제니의 대본2〉

분로드가 또 지각하자 선생님께서는 시계를 들고 서게 한 뒤 몇 시냐고 계속 묻는다. 나는 분로드의 손을 잡고 교실 밖으로 뛰쳐나간다. 분로드는 삼리에게 달려가고 난 집으로 간다.

Q. 이때 분로드는 어떤 기분이었을까?

A. 분로드가 팔이 아프고 힘들었을 것 같아요. 사정이 있어서 지각한 것일 수도 있는데 무작정 혼나는 모습을 보니 기분이 안 좋아 손을 잡고 뛰쳐나갔어요.

〈아칫의 대본〉

나는 친구들과 분로드를 둘러싸고 괴롭힌다. 그때 제니가 오고 나는 분로드를 쓰다듬으며 아닌 척한다. 그런데 갑자기 제니를 놀리고 싶어 제니의 스케치북을 뺏어 본 다음 친구들끼리 주고받으면서 제니를 놀린다. 그런데 제니가 화가 났는지 나를 눕힌 다음 주먹으로 마구 때린다.

Q. 제니에게 맞으니 어떤 생각이 드니?

A. 제니에게 맞고 나니 다음부터는 친구를 때리면 안 되겠다는 생각이 들어요. 그런데 더 큰 일이 있어요. 제니에게 완전 차인 느낌인데요.

〈분로드의 대본〉

삼리와 결승경기에 서 있다. 아칫과 막상막하의 경기다. 그러다 채찍을 던져버리고 삼리에게 내 몸을 맡긴다. 나는 1등이고 결승선이 눈앞이다. 그런데 폭죽 소리에 놀란 삼리가 경기장 밖으로 뛰쳐나가고 다쳐서 죽게 된다.

Q. 분로드야, 지금 기분이 어때?

A. 삼리가 죽은 모습에 슬프고 어떻게든 삼리를 살리고 싶어요. 그리고 폭죽 터뜨린 아이에게 욕하고 싶네요.

인물 되어보기 2

영화 읽기 수업을 디자인하면서 4학년 아이들도 영화 읽기를 할 수 있을지 확신이 서지 않았다. 게다가 상영시간이 90분 넘는 외국영화에 주제 또한 가볍지 않아 수업할 수 있을지 의문이었다.

그런데 영화를 보는 동안 지겹다고 보채는 아이는 없었고, 잠시 집중력을 잃은 아이는 앞의 이야기가 어떻게 벌어졌는지 작은 소리로 물어보기도 했다. 쉽게 이해하기 어려운 장면에서는 그 장면의 해석을 두고 생각을 나누는 아이들도 있었다. 한 명이지만 이 날 저녁 일기에 '〈버팔로 라이더〉는 살아오면서 가장 감동을 준 영화'라고 쓴 아이도 있었다. 해설이 있는 마임을 하면서 아이들은 이야기 속에서 조금이라도 더 머물고 싶어했고, 평소에 소극적인 아이들도 자기의 느낌과 생각을 전달하려고 애썼다.

내친김에 아이들과 등장인물의 거리를 줄이고자 영화 속 등장인물 역할을 하는 학생을 교실 가운데 의자에 앉혀 이야기를 나누어보는 핫시팅(hot seatting)기법을 활용했다. 제니, 아칫, 분로드 모두를 의자에 앉혀보고 싶었지만 수업 시간이 모자라서 제니 역할을 한 학생 중에서 핫 시트에 앉을 학생을 추천받았다. 핫시팅을 하는 학생과 보는 학생들이 가상의 상황에 몰입할 수 있도록 제니 역할로 인터뷰를 하는 아이에게 영화 속 제니가 가졌던 태블릿을 주었다. 제니 역할을 하는 아이에게는 뒷문으로 나가서 앞문으로 들어오라고 부탁했다. 아이가 뒷문으로 나가자마자 "잠시 후 삼리를 살린 뒤 드디어 말을 하게된 제니가 교실에 옵니다. 제니에게 궁금한 모든 것을 물어봐 주세요."라고 했다. 앞문이 열리고 제니 역할을 하는 아이가 들어왔다. 아이들은 여러 의미의 환호를 질렀다. 신기한 일은, 제니 역할을 한 여학생은 자기가 영화 속 제니가 된 듯 행동하고 있었다. 이런 것을 빙의라고 해야 하나, 신내림이라고 해야 하나.

〈수업 상황〉

삼리를 살린 후 말을 할 수 있게 된 제니가 교실에 들어온다. 제니는 칠판 앞 의자에 앉아 태블릿을 만지며 친구들에게 궁금한 것을 물어보라고 한다.

Q. 말을 못하면 기분이 어때?

A. 곤란한 질문에 대답을 안 해도 돼서 좋은데 원하는 것이 있을 때 말을 못 해서 안 좋아.

Q. 아칫을 보면 왜 우니?

A. 아칫이 나를 보고 웃기 때문이야.

Q. 너는 왜 아칫을 때렸니?

A. 내 친구 분로드를 때려서 참다 참다 화가 나서 때렸어.

Q. 분로드랑 삼리를 탈 때 어땠니?

A. 친구와 함께해서 기분이 좋았어.

나 돌아보기

사람을 만나면 저 사람은 어떤 사람일까 궁금해한다. 사람을 만나면서 첫인상과 다른 모습들을 발견하기도 한다. 그런데 정작 본인은 자신이 어떤 사람인지 별로 궁금해하지 않는다. 모든 것은 나 자신을 아는 것에서부터 시작해야 하지 않을까?

그런데 아이들이 자신을 돌아보게 만드는 수업 장치를 마련하는 일은 쉽지 않다. 짧은 시간 동안 성찰하는 글을 쓰기도 어렵고, 글로 쓴다 하더라도 글을 쓰는 동안 사라지는 생각이 많고 아이마다 글로 표현하는 능력이 달라 아이들이 가진 생각이 밖으로 나오기 어렵다. 뻔한 이야기로 흐르지 않으면서도 너무 직설적이지 않게 나를 드러내고 친구들과 이야기하게 만드는 장치를 고민했다.

수업의 흐름을 따라 등장인물 이야기를 하면서 자신의 이야기로 자연스럽게 넘어가고, 교실에서 나와 닮은 친구를 찾아보고 나와 다른 친구들의 모습을 견주어 보며 내 모습을 돌아보도록 계획을 세웠다.

인물을 색깔로 표시하기로 했다. 한 가지 색깔이라도 여러 가지 뜻을 나타낸다. 빨간색만 하더라도 색이 쓰이는 상황이나 이미지에 따라서 열정, 분노, 더위, 질투, 사랑, 생명, 공포 등으로 다양하게 해석할 수 있다.

아이들은 등장인물과 색깔을 짝지으면서 수업으로 들어갔다. 아이들의 상상력에 놀란 적이 있다. 수업을 계획할 때는 등장인물마다 한 가지 색으로 나타내게 했는데 실제 수업에서 아이들은 한 명에게도 여러 가지 색깔을 입혔다. 분로드와 어울리는 색깔을 말해보라고 했을 때, 집에서 아버지에게 맞을 때는 검은 색, 자신감을 얻을 때는 회색이라고 했다. 이게 바로 '수업 경험'이라는 생각이 들었다. 책상에 앉아서 수업 계획만 할 때는 상상도 할 수 없는 살아있는 경험이었다.

Q. 분로드에 어울리는 색은 무엇이니?	A. 제니의 소원을 들어준 것 같아서 사랑이 담긴 분홍색이 어울려요. A. 친구들에게 맞고 지낼 때는 검은색 같았는데 제니를 만나고 자신감을 얻어서 회색인 것 같아요. A. 분로드가 삼리를 타고 다니는 모습이 남자다워서 파란색이 어울려요. A. 자연하고 노는 모습이 순수해 보여서 흰색이 어울려요.
Q. 제니에게 어울리는 색은 무엇이니?	A. 처음에는 말을 할 수 있었는데 엄마가 죽은 이후 마음이 검게 됐다고 생각했지만 분로드를 만나고 좀 연해져서 보라색인 것 같아요. A. 농구를 할 때나 분로드와 함께 할 때 활기찬 모습 때문에 노란색 같아요.
Q. 아칫에게 어울리는 색은 무엇이니?	A. 제니를 좋아하는데 제니는 분로드를 좋아하는 것 같아서 질투의 화신인 빨간색 같아요. A. 제니 만났을 땐 분홍색이었는데 맞고 나서 우울해져서 보라색인 것 같아요. A. 제니 앞에서는 착해 보이고 착한척해서 흰색이지만 분로드 앞에서는 검은색의 모습이라 회색인 것 같아요. A. 애들 때리는 사악한 저승사자 같아서 검은색이 어울려요.

제니 > 토론 > 아침 모둠.

1. 우리는 모두 운동을 좋아하고 활기 차다.
2. 우리 모둠 창의력이 레알 꿀부
3. 우리 모둠 모험을 좋아한다.
4. 우리 모둠 제니)토론) 아침으로 적음.
5. 우리 모둠 선생님 제자.

제니 > 아침 > 토론
1. 모두 여자.
2. 운동을 좋아한다.
3. 열꼬기를 할 줄 안다.
4. 변동가 될 수 다.
5. 눈에 쌍 꺼풀이 있다.
6. 워너원을 좋아한다.
7. 모두 4-2반이다.
8. 얼레리를 싫어한다.
9. 심술을 내다.
10. 모두 팔찌를 끼고 있다.
11. 모두 예쁘다.
12. 안경 NO
13.

비율카드로 나와 우리 알아보기

원을 그리고 크기가 다른 세 부분으로 나뉠 수 있게 선을 그어 비율카드를 만들었다. 각 부분마다 자기 마음대로 모양을 생각하여 제니, 아칫, 분로드의 이름을 쓰고 그 인물에 어울리는 색깔을 바탕에 칠하도록 했다. 가장 큰 부분부터 차례대로 아칫, 분로드, 제니를 쓴 아이에게 그렇게 쓴 까닭을 물었다. 자기는 아칫처럼 비겁하더라도 경쟁에서 이기고 싶은 마음이 강하고 분로드처럼 동물을 좋아하는 마음도 조금 있지만 제니처럼 짜증을 부리지는 않기 때문이라고 했다.

아이들의 비율카드를 잠시 소개한 뒤에 자기가 만든 비율카드를 가슴팍에 붙이고 돌아다니며 비율 순서가 같은 학생끼리 모이도록 했다. 아이들은 운명의 짝이라도 만나는 것처럼 설레여 하며 자기의 짝을 찾아 헤맸다. 여기저기서 "너랑 내가 같다고?!", "역시 우린 운명이야."라는 다양한 소리가 들려왔다.

학생들에게 무엇이든 좋으니 모인 사람들끼리 공통점을 찾아 적어보라고 했다. 공통점을 찾으려면 먼저 나를 돌아봐야 하므로 그런 경험이 없는 아이들은 어려움을 느끼는 것처럼 보였다. 그래서 무엇이든 좋으니 겉으로 볼 수 있는 것부터 시작하라고 했다. 서로의 모습을 보며 '안경을 꼈다.', '쌍꺼풀이 있다.'와 같은 겉모습에 관한 것들로부터 좋아하는 것과 싫어하는 것에 대한 이야기들이 나오고 성격 및 특징에 대한 것들도 나왔다. '우리 모두 모태솔로'라는 이야기를 발표한 모둠의 이야기에서 아이들은 까르르 넘어갔다. 나와 우리를 깊이 알아본 시간이었다.

상황에 따른 각자의 행동 이야기하기

아이들은 등장인물의 특징을 활용한 비율카드를 만들면서 자신의 모습을 살펴보았다. 비율카드는 아이들이 자신을 탐색하는 데 도움은 되지만 세 명의 등장인물이 가진 특징을 벗어나는 데는 부족함이 있다.

문학작품에서 등장인물의 성격을 찾으려면 먼저 그 행동을 살펴본다. 마찬가지로 아이들이 자신의 모습을 돌아볼 수 있도록 몇 가지 상황을 주고 그 속에서 자신의 선택을 기록하도록 하였다.

아이들은 자석칠판에 줄을 그어 바탕을 세 부분으로 나눈 후에 주어진 딜레마 상황에서 자기가 선택할 행동을 쓰고 그렇게 결정한 까닭을 이야기했다. 이 과정에서 아이들은 같은 상황에서 친구들이 선택하는 행동이 다를 수 있고, 같은 방법을 선택했더라도 그 이유가 다를 수 있음을 경험하였다.

상황1

몸이 너무 피곤한데 친한 친구들이 놀자고 한다. 어머니께서는 집에서 쉬라고 하신다. 어떻게 할까?

상황2.

그동안 용돈을 5만원 모았다. 어머니 생신 선물을 살까? 액체괴물 세트를 살까? 돈을 쓰지 않고 계속 모을까?

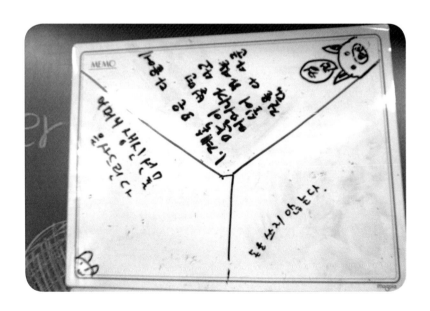

마음 다지기

　살아가면서 누구나 힘든 일을 겪게 되고 그럴 때 기댈 수 있는 무엇이 있으면 좋겠다는 상상을 한다. 영화 속 제니는 자리를 옮길 때마다 농구공을 챙기고, 분로드는 삼리 곁에 머문다. 험난한 인생 여정에 동반자가 있다면 안심이 된다. 아이들에게도 그런 것이 있는지 생각해보고 마지막 시간에 벌어질 인생 경주에 함께 할 상징물을 만들어 보라고 했다. 마지막 시간에는 그 상징물을 들고 인생경주를 하겠다 했더니 아이들은 보석 세공사처럼 정성을 들여 상징물을 만들기 시작했다. 인생 경주에는 동반자가 필요하다.

　3부 수업 활동–영화 읽기를 위한 수업

인생경주

　인생을 살아가다 보면 선택의 순간을 맞이한다. 요즘 우리는 이런 선택에 대해 두려움을 느끼고 그 순간에 장애물을 만났다고 생각한다. 잘못된 선택이면 어쩌지? 남들보다 앞서가야 하는데? 이대로 하면 성공할까? 하는 걱정들과 함께.

　영화 읽기 수업의 열 번째 시간. 아이들은 처음부터 이날을 기다렸다. 그동안 인생경주는 언제 하냐는 질문을 수없이 들었지만 때가 되면 한다고 거드름을 피워댔고 아이들은 빨리 말해달라며 재촉했다.

　인생 경주는 피라미드 모양으로 고깔을 세워 두고 피라미드의 꼭짓점에서부터 선택의 결과에 따라 오른쪽이나 왼쪽으로 옮겨 가는 게임이다. 인생이란 선택의 연속이고 선택과 선택 사이에는 우리가 생각지 못한 장애물이 숨어있다. 그래서 피라미드 모양의 고깔 사이에는 허들과 훌라후프를 놓아 선택과 장애물 극복을 동시에 체험할 수 있도록 만들었다.

　아이들은 자신에게 알맞은 방법으로 선택지를 고르고 장애물을 건넌다. 일찍 도착하는 것이 아니라 본인의 선택이 중요하다고 안내했다. 인생 경주를 먼저 한 아이들은 친구들이 도착할 때까지 자신이 한 선택의 결과를 깊이 생각해 보라고 했다.

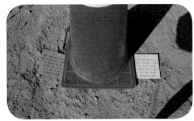

① 친구 돕다가 뒤처져도 계속 참여	② 친구 돕다가 뒤처져서 포기

③ 경주 중 발목 삐어도 계속 참여	④ 경주 중 발목 삐어서 참여 중단

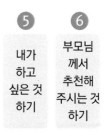

⑤ 내가 하고 싶은 것 하기	⑥ 부모님께서 추천해 주시는 것 하기

3-윈

쓰러진
친구 돕기

3-가

쓰러진 친구   다음 경주
두고 경주   위해 연습

3-오

포기하고 다른
것 찾아보기

2-윈

전국 1등 있어도 참여

2-오

전국 1등 있어서 불참

1

출발

아이들의 선택과 선택한 이유

① **전국 1등 있어도 참여→쓰러진 친구 돕기→친구 돕다가 뒤처져도 계속 참여**

1코스를 선택한 아이의 대답

"질 것 같지만 친구를 도와줘서 뿌듯할 것 같아요."

"1등은 안되겠지만 이것이 진정한 승리라고 생각해요."

② **전국 1등 있어도 참여→쓰러진 친구 돕기→친구 돕다가 뒤처져서 포기**

2코스를 선택한 아이의 대답

"친구 다치면 끝까지 도와주는 것이 맞는 것 같아요."

③ **전국 1등 있어도 참여→쓰러진 친구 두고 경주→경주 중 발목 삐어도 계속 참여**

3코스를 선택한 아이의 대답

"다쳐도 끝까지 달려 상금을 타서 친구를 병원에 데리고 갈 거예요."

④ **이 코스는 선택 과정에 모순이 생겨 선택한 아이가 없었음**

⑤ **전국 1등 있어서 불참→포기하고 다른 것 찾아보기→내가 하고 싶은 것 하기**

5코스를 선택한 아이의 대답

"내가 선택한 것에서 1등을 하고 싶어요."

"1등 못해도 내가 하고 싶은 것을 하면서 계속 노력하고 싶어요."

6 전국 1등 있어서 불참→포기하고 다른 것 찾아보기→부모님께서 추천해주시는 것 하기

6코스를 선택한 아이의 대답

"부모님께서는 사회생활을 이미 해보셨기 때문에 힘든 것과 쉽게 갈 수 있는 것을 아셔서 도움을 주실 것 같아요."

"추천해 주시는 것을 했는데 운이 맞아 잘 될 수도 있을 것 같아요."

10시간 영화 수업을 돌아보니 어때?

A. 활동하며 친구의 좋은 점을 보게 되었고 각자의 생각을 존중해야겠다는 생각을 하게 되었어요.

A. 무엇을 깊게 생각 안 했는데 깊게 생각하게 되었고 수업이 재미있었어요.

A. 경주에서 6번은 나만 선택했을 줄 알았는데 나와 같은 선택을 한 친구가 있어서 신기했어요.

A. 여러 가지 활동을 해서 뭔가 재밌게 복잡했어요.

수업을 마치며

　모두 다른 선택을 했지만 이것들을 성공과 실패로 나눌 수 있을까? 자신의 선택이 중요하고 결국엔 모두 도착하게 되어있다.

　선택하는 것에 두려움을 느끼지 말고 자신의 선택을 해보자. 너와 나, 우리는 비슷하면서도 다른 모습으로 살아가고 있다.

　성공과 실패, 옳고 그름, 좋고 나쁨으로 나누려 하기보다는 각자의 선택과 자신의 모습 그 자체를 인정해보는 건 어떨까?

2. 수업을 위한 영화 읽기

도덕수업과
영화 읽기

함께 수업한 아이들

전교생 35명의 사봉초등학교 6학년 일곱 명

〈소연〉〈채영〉〈은희〉〈예민〉〈기현〉〈건호〉〈병우〉

'재미있고 복잡한 인생 수업'은 복잡하지만 재미있게 진행되었고, 수업을 디자인한 우리는 이대로 계속해보자는 확신을 얻었다. 그동안 십 년이 넘는 시간 동안 사프에서 영화와 교과수업을 연결하는 작업을 해 왔기 때문에 가벼운 마음으로 수업 디자인 회의를 시작했다.

수업은 배려와 봉사 단원과 숭고한 사랑 단원을 대상으로 했다. 우리는 〈버팔로 라이더〉를 배려와 봉사, 사랑과 연결하고자 머리를 짜냈지만 생각처럼 쉽게 진행되지 않았다. 그동안 우리는 가르칠 내용을 정하고 그에 맞는 영화를 선정해서 수업을 디자인해 왔다. 사랑을 가르칠 때는 사랑에 관한 영화 목록을 살핀 후에 가장 적절한 영화를 찾아 수업을 디자인했다. 이번 작업은 주어진 영화에 주제를 입혀야 하니 이야기를 하면 할수록 어색한 느낌이 들었던 것이다.

영화는 인간의 삶을 이야기의 바탕으로 하므로 그 속에는 여러 가지 가치가 녹아있다. 수업 디자인의 실마리를 찾으려 캐릭터별로 나누어 다시 이야기하고, 한편으로는 배려와 봉사, 사랑의 가치를 곰곰이 되뇌었다.

봉사에 관한 경험을 이야기하다 멘토링이라는 소재를 발견했다. 멘토는 경험이 적은 사람에게 조언과 도움을 주는 사람이다. 영화 속에는 멘토링을 받아야 할 인물들이 많았다. 그중에서도 아이들과 연령대가 비슷한 아칫과 아칫 옆에 어울려 다니는 세 명의 친구를 멘티로 정했다. 교실의 아이들은 아칫과 친구들의 멘토가 되어 이들을 돕는 수업을 구상했다. 수업을 하기 위해서는 아이들이 몰입해서 활동할 수 있는 장치가 필요했다. 아칫 할아버지가 우리 아이들에게 아칫과 친구들에게 멘토링을 해 달라고 부탁하는 장면을 모티브로 삼아 수업을 디자인했다.

사랑은 배려와 아주 가깝다. 배려 없는 사랑은 짝사랑으로 흐를 수 있다. 배려는 서로의 처지를 생각하는 마음이다. 서로의 처지를 알려면 상대를 관찰하거나 이야기하는 수밖에 없다. 제니를 알 때 제니를 사랑할수 있다. 이번에도 영화에 직접 등장하지는 않지만 돌아가신 제니 어머니의 편지를 상상으로 만들어 냈다. 제니 어머니는 죽기 전 주변 사람들에게 제니를 사랑하는 방법을 알려주고 싶어서 편지를 남겼다. 하지만 아이들이 받은 편지에는 구체적인 방법이 적힌 부분이 찢어져서 내용을 알 수없게 되었다. 아이들이 영화 내용을 실마리로 삼아 제니를 사랑하는 방법을 찾아내도록 수업을 디자인했다. 제니를 사랑하는 방법을 찾은 후에는 아이들이 자기 주변 사람에게 전할 '나' 사랑 설명서를 만들기로 했다.

영화 감상 후 소감 나누기(1-3)

인상 깊은 인물/나를 닮은 인물/닮고 싶은 인물

아칫과 친구들의 멘토 되기(4-5)

"지금 내 모습이 최선이다."

"내 조언을 받아들일까?"

제니 사랑 설명서, 나 사랑 설명서(6-7)

"잠들기 전에 행복했던 순간을 사진처럼 떠올려보자."

영화 읽기로 수업 읽기(8)

"우리는 우리를 봅니다."

영화 감상

차시	시량	주요 활동
1		• 5단원, 7단원 덕목 쓰기 • 영화에도 이 덕목이 나올까요? 어떤 모습으로 나오는지 영화를 보고 이야기 나눌 겁니다. • 영화를 보면 등장인물에 대해서 소감을 나눌 겁니다. • 세 가지 질문 안내 　-인상 깊은 인물과 그 이유는? 　-나를 닮은 인물과 그 이유는? 　-닮고 싶은 인물과 그 이유는?
	5분	
2	95분	• 영화 감상
3	20분	• 소감 나누기 　-세 가지 질문에 대한 생각이나 느낌 쓰기 　-3색 포스트잇에 쓰고 붙이기 • 차시 예고

영화를 본다고 하니
아이들이 웅성댄다.

"영화 볼 때 자리 옮겨도 돼요?"

일곱 명 우리반
사각지대도 없는데,
교실이 극장도 아닌데
옆 친구와
거리를 두고 영화를 보고 싶어한다.

"앉고 싶은 자리에 앉으세요.
 지금 앉은 곳이 편안합니까?
 그렇다면 그 자리에서 봐도 됩니다."

인상 깊은 인물과 그 이유를 말해 주세요.

제니입니다.

소연 제니가 영화에서 봤을 때 활동적이고 행동력 있고 용감해서 마음에 들기 때문입니다.

기현 주인공이고 활발하고 천진 발랄하기 때문입니다.

예민 4학년 때 담임선생님이 제니를 닮으신 것 같기 때문입니다.

은희 초반부터 활발하지 못했으나 점점 활발해져서 그게 인상 깊었습니다.

키오입니다.

건호 내가 그 영화에 나왔으면 키오가 폭죽 터트릴 때 발로 폭죽을 걷어 차서 다른 곳에서 터지게 했을 것 같습니다.

아칫입니다.

병우 부잣집 도련님이고 학교에서 인기도 많은 것 같고 싸가지가 없는 것 같고 분로드를 괴롭히고 제니랑 친해지려고 하지만 제니랑 싸우게 되고 바로 다음 날 사과하고 분로드한테는 계속 못살게 굴고 착한 애는 아닌데 나쁘지는 않고 좀 밉상이에요.

분로드입니다.

채영 아픈 버팔로를 팔지 않고 지키려는 것과 버팔로 대회에서 이겨서 아빠의 빚을 갚아주려는 것이 인상적이었기 때문입니다.

나랑 닮은 인물을 찾아주세요. 그 인물을 선택한 이유도 말해 주세요.

학교 여자아이들입니다.

소연 그 애들은 아칫과 친구들 일에 별로 신경을 쓰지 않습니다. 솔직히 제가 그 학교에 다닌다면 저도 그렇게 별로 신경 쓰지 않을 것 같기 때문입니다.

삼리입니다.

건호 예민이가 말한 것처럼 삼리인데 나도 삼리처럼 뱃살 있고 분위기가 비슷해 보여요.

분로드 아빠입니다.

기현 분로드 아빠입니다. 저도 커서 술을 마실 것이기 때문입니다.

키오입니다.

예민 키오. 얍삽한 플레이를 어쩔 땐 좋아해요.

제니입니다.

채영 제니라고 생각합니다. 제니는 엄마를 잃은 충격 때문이지만, 낯선 곳이나 다른 곳에서 말을 잘 안 하지만 친해지고 가까워지면 마음을 여는 것이 닮았기 때문입니다.

강아지입니다.

기현 강아지가 닮았어요. 웃는 모습이 비슷해요.

없습니다.

병우 딱히 없는 게…… 없어요.

"그럼 병우 대신 다른 친구들이 찾아줄까요?"

건호 병우는 거머리와 비슷해요. 분량(존재감)이 좀 없어 보여요. 피구 할 때도 가 쪽에 서 있으면 자기편인지 아닌 지 잘 몰라요.

소연 저도 병우 생각이 맞다고 생각해요. 저랑 딱히 닮은 인물이 없어 요. 사람은 다 다르잖아요. 저도 비슷한 사람이 없는 것 같아서 제일 무난하고 많이 드러나지 않은 사람을 적었거든요. 비슷한 사람이 있 을 수도 있는데 세상에는 다양한 사람이 있으니까 없을 수도 있다고 생각해요.

내가 닮고 싶은 인물을 찾아보세요. 그리고, 그 인물을 선택한 이유를 말해 주세요.

제니

소연 제니를 닮고 싶습니다. 제니가 가진 운동신경, 활동적이고 행동력 있고 용감한 점, 두 음으로 노래하는 재능이 특히 부럽습니다.

기현 제니입니다. 천진 발랄하고 재밌기 때문입니다.

쭌씨

건호 쭌씨 아저씨인데 저도 대궐 같은 집에 한 번 살아보고 싶고 아칫이 이겼을 때 아칫을 호적에서 파버리고 싶은 그런 느낌이 들어서 쭌씨를 닮고 싶었습니다.

채영 쭌씨입니다. 영화나 드라마에서 나오는 대부분의 부자들은 약간 재수 없이 행동하거나 말을 하는데 쭌씨는 자기가 부자인데도 버팔로 대회와 제니가 자기 집에 돌아왔을 때도 오히려 아칫과 경호원을 혼내는 그런 모습을 닮고 싶습니다.

> **분로드**
>
> **예민** 분로드입니다. 왜냐하면, 분로드가 삼리를 지키기 위해 힘을 쓰는
> 모습을 보고입니다.

> **제니 아빠**
>
> **병우** 제니 친아빠도 아닌데 제니 입양해서 키우고 제니가 말도 안 하고
> 짜증만 내도 제니를 때리거나 하지 않아서 제일 멋져 보였어요.

아칫과 친구들의 멘토되기

차시	시량	주요 활동
4	10분	• 중심인물(캐릭터) 제시(뽑기) **아칫과 친구들** 배움 문제 : 이들의 (멘토) 되기 –'멘토'는 무슨 뜻일까요? 사람들은 어떤 사람을 '멘토'라고 할까요?
	10분	• 쮠씨의 일기 –아칫에 대한 기대와 실망, 성찰이 있는 내용
	20분	• 영화 속 두 장면 이야기 나누기 – 중심 인물이 나오는 장면 말하기 – 중심 캐릭터가 나오는 장면을 보고 쮠씨의 일기 내용 떠올리기 – 그 중 두 장면을 쮠씨가 되어서 보고 느껴보기 – 떠오르는 느낌, 단어를 보드판에 기록하기
5	20분	• 쮠씨의 선물, 멘토링 수첩(매직써클) • 그럼 진정한 멘토는 어떤 사람일까? –멘토링마다 값이 있을까? 어떤 멘토링이 좋을까? 높은 가치(효과, 수준, 가격)의 멘토링 –멘토링(충고, 조언하기) 현재 내 모습이 최상이다. 상대방이 내 조언을 알아들을 수 있을까? –정리하여 발표하기(보드판)
	10분	• 정리하기 • 차시 예고

"혹시 영화 속 캐릭터 중에서 '배려'와 '봉사'와 관련하여 우리의 도움이 필요한 캐릭터가 있나요? 있으면 뽑아봅시다."

중심인물 뽑기

쭌씨의 일기

7월 25일

아칫은 비록 14살이지만 사람들을 만날 때 밝게 인사한다. 결석한 친구를 걱정하고 직접 찾아간다. 학교 뿐 아니라 마을의 크고 작은 일에 관심이 깊다. 몇 년 후엔 아칫에게 학교를 물려줘야겠다. 아칫은 좋은 교사, 좋은 멘토가 될 것이다.

11월 6일

아칫에게 실망했다. 실망이라기보다 기대가 컸던 내 모습을 돌아봤다. 너무 아칫에게 기대한 것 아닐까? 그래서 아칫이 부담을 느낀 건 아닐까?

부끄럽다. 아칫은 이제 14살인데 너무 큰 부담을 준 것 같다. 아칫에게 뭐라고 이야기할까? 내 이야기에 부담을 느끼면 어쩌지? 담임선생님께 부탁해볼까?

"영화에서 일기장 내용과 관련된 장면이 있습니까?"

"네. 사원 같은 곳에서 준씨가 사람들에게 아칫을 소개하며 자기보다 학교에 관심을 가진다고 한 부분이 있습니다."

"그런 대사가 있었나요?"

"좀 부담스러워하는 것 같았어요."

"이 장면에서 아칫 표정을 본 사람 있나요?"

채영 부담스러워하는 것 같았어요.

"할아버지 말을 들었을 때는 어땠죠?"

소연 이런 디테일이 있을 줄 몰랐어요.

"영화에서 찾은 두 장면을 떠올리며 어떤 조언을 하면 좋을지 정리해 봅시다."

"다 한 친구들끼리 서로 정리한 내용을 말해 봅시다. 그리고 느낌을 이야기해 주세요."

건호 분로드. 그만 괴롭혀라!

"조언이라고 느껴졌습니까?"
"진심으로 느껴졌습니까?"
"나를 걱정하는 것 같았나요?"

기현 기분이 더러워요. 명령같이 들렸어요.

"역할을 바꾸어서 해봅시다."

기현 네가 분로드에게 한 것은 나쁜 짓이야. 악성 발톱 같은 거야. 왜냐하면 여럿이 한 사람을 괴롭히면 안돼.

"조언이라고 느껴졌습니까?"

"진심으로 느껴졌습니까?"

"나를 걱정하는 것 같았나요?"

건호 아닌 것 같아요. 비유가 너무 그런 것 같아요. 기분이 나빠요. 화가 났어
      요. 안 좋은 조언 같아요.

"그럼 좀 더 다듬어 봅시다. 다하면 칠판에 붙여서 함께 읽어봅시다."

"마음에 드는 조언에는 별표를 해봅시다. 여러분은 좋은 조언과 별로
도움이 되지 않을 조언을 알 것 같습니다."

건호 분로드를 이제 그만 괴롭혔으면 좋겠어. 여태껏 분로드를 괴롭혔
      으니까 이제부터는 분로드에게 잘해줬으면 좋겠어. 부탁이야.

기현 아칫아, 친구들이랑 한두 친구를 괴롭히는 행동은 바람직하지 못
      해.

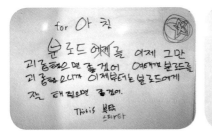
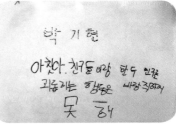

병우 너 나름 학교와 분로드를 위해 한 일이지만 이제 방법을 바꾸는 것이 어떨까?

예민 인생 그따위로 살지마. 요즘 세상에 그따위로 살면 큰일 나. 돈 많아도 갑질하지마.

채영 네가 어른들께 밝게 인사하는 모습은 좋은데 분로드에게 못되게 구는 모습은 안 좋은 것 같아. 그러니까 밝게 인사하는 모습은 계속 가지고 있고 분로드에게 못되게 굴지 말고 친구들이랑 계속 친하게 지냈으면 좋겠어.

은희 이제 분로드를 그만 좀 괴롭히고 이제 좀 사이좋게 지내고 이제 작작 좀 잘난 척 좀 그만하고! 너의 그 행동이 한 번의 인생이 망쳐질 수 있어. 그리고 이제부터라도 착해지는 게 어때?

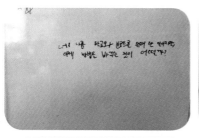

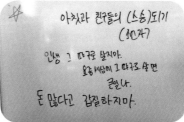

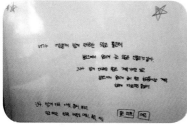

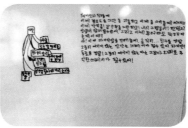

소연 아칫, 할아버지 대신 학교 관리하는 게 어렵고 부담되지? 너무 완벽하게 하지 않아도 돼. 아직 어리니까 실수할 수도 있어. 그래도 너는 나이에 비해서 많이 어른스러운 것 같아. 제니한테 먼저 화해하자고 하는 게 멋졌어. 그리고 분로드한테도 좋은 생각으로 그렇게 한거지? 그런데 분로드는 그게 도움이 안 됐을 수도 있어. 앞으로는 분로드의 입장에서도 한 번 생각해보는 게 좋을 것 같아. 아칫 친구들에게, 무조건 아칫을 칭찬하는 게 아칫을 위한 게 아닐 수도 있어.

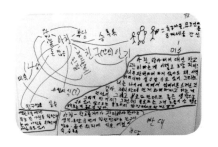

"여러분의 발표를 듣고 느낌이 있어서 썼습니다. 여기서 버릴 조언은 없습니다. 지금 여러분 수준, 여러분 나이에서 최선을 다한 것이라 느껴집니다. 여러분의 의도가 왜곡되지 않도록 읽어 보았습니다. 거절당하면 어쩌지? 내가 한 조언을 안 들으면 어쩌지? 이런 거절에 대한 두려움이 있을 것입니다. 이런 생각을 해 본 학생 있나요?"

소연 저도 생각해봤는데요. 안 받아들여도 상관없을 것 같아요. 제가 최선을 다한 것이니까요.

제니 사랑 설명서

차시	시량	주요 활동
	10분	• 중심 인물(캐릭터) 제시(뽑기) 제니 배움 문제 : 사랑한다는 것은 어떤 것일까요? 제니를 (사랑)하는 방법을 알아봅시다. - 제니의 마음을 열어라!
6	30분	• 엄마의 유품 -시한부 인생을 사는 엄마가 제니와 살아가면서 이야기할 내용을 가죽 편지지에 남겼다. 그런데 이 편지지가 찢어졌다. 무슨 내용이 있었을까? • 남은 글에서 단서 찾기 -'정말 너를 사랑하는 사람은 그렇게 대한다.'의 뜻이 이해 되나요? • 제니를 중심으로 연결망 만들기 -진짜인 사람은 누구? -진짜를 어떻게 알 수 있을까? -울타리를 연결하여 연결망을 만든다면 어떻게 만들까? • 이야기 나누기
7	30분	• 난 나를 잘 이해하는 사람이 누군지 알아요. -'정말 너를 사랑하는 사람은 그렇게 대한다.'에 대한 경험, 느낌을 떠올려 여러분의 가족에게 엄마처럼 써 봅시다. • 나를 중심으로 연결망 만들기(보드판) • 제니의 엄마처럼 보물로 남기기 -'나를 이해하려는 사람은 읽어보세요.' 내용이 담긴 글쓰기 -과제 : 편지 전달하기
	10분	• 정리하기 • 마지막 차시 안내

"사랑이라는 말을 들으면 무엇이 떠오릅니까?"

예민 키스요.

건호 사귀는 거요.

소연 많이 받은 것 같습니다.

"사랑을 주고받을 수 있습니까?"

기현 네. 그런 것 같습니다.

〈버팔로 라이더〉에서 사랑에 관한 캐릭터를 뽑아봅시다.

[1단계]   제니아빠   분로드   솜짜이   관광객
                              할머니   아줌마

              삼리   분로드   제니
                        아빠

[2단계]   분로드   솜짜이   산리   제니
                   할머니

[3단계]   솜짜이   제니
          할머니

[4단계]   제니

제니 엄마의 유품

제니야, 엄마가 이제 남은 날이 얼마 남지 않았어. 이 아픔이 너무 크구나. 몸이 아픈 것도 있지만 네가 예쁘게 자라는 것을 못 봐서 지금도 눈물이 난단다. 살면서 네가 청소년이 되면 이야기하고 싶은 것이 있는데 엄마가 그때 직접 말해주고 싶었는데...

하지만 제니야, 할머니께서도 이 엄마에게 말씀해 주셨기 때문에 너도 언젠가는 할머니로부터 들을 거야. 그리고 너를 사랑하는 삼촌, 숙모도 아시고 계셔서 이야기해 주실 거야.

다른 사람이 없어도 이 이야기를 꼭 네게 해달라고 믿음직한 사람들에게 부탁했어.

지금까지 쓴 것은 너도 10대가 되면 느낄 수 있어. 정말 너를 사랑하는 사람은 네게 그렇게 해준다는 것을 알거야. 할머니도 그랬고 엄마도 그랬거든.

사랑한다 제니야. 엄마는 네가 숨쉬는 곳에 항상 있을 거야.

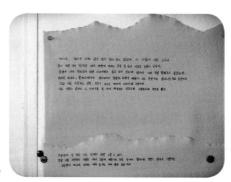

〈수업에 사용한 제니 엄마의 편지〉

"제니 엄마는 어떤 이야기를 하고 싶었을까요?"

건호 슬픈 내용이 있었겠죠.

소연 슬픈 내용은 아니었던 것 같아요. 꼭 해주고 싶은 얘기라고 했으니까 슬픈 내용은 아닌 것 같아요. 나중에 크다 보면 알 수 있을 거라고 했으니까 가르쳐주는 내용이나 조언일 것 같아요.

"사랑의 매, 사랑한다며 엉덩이 만지는 것이 사랑의 표현이라면 어떤 느낌일까요?"

건호 사랑한다고 때리는 사람은. 그건 좀 더러운 거죠.

"제니를 중심으로 연결망을 만들어 봅시다."

예민 분로드는 제니랑 사귀는 사람.

소연 분로드는 중간에 주면 좋겠어요. 제니도 분로드를 좋아하고 서로 호감
이 있잖아요. 선생님은 어떤지 모르겠는데 제니는 선생님을 안 좋아하는
것 같아요. 여행객 아저씨도 안 좋아하는 것 같아요.

예민 분로드 아빠는 제니와 관련 있지. 제니 아버님인데...... 아칫은 제니를
좋아한다.

"그럼 빨간색은 제니를
좋아하는 사람, 파랑색은 제
니가 좋아하는 사람으로 화
살표를 합시다."

건호 그럼 검정색은 제니가
싫어하는 사람에게 하죠.

예민 신혼여행 갈 때도 여행
객 아저씨 차 타고 갈 수
도 있지. 분로드 아빠는
아버님이 될 수도 있어.

병우 선생님, 예민이가 계속 이상한 소리 하고 있어요.

기현 이상한 소리 해요.

"엄마의 유품에 나오는 말, '정말 너를 사랑하는 사람은 네게 그렇게 해준다.'라는 말의 의미는 무엇일까요? 여러분이 만든 연결망에서 그 사람을 찾을 수 있나요?"

소연 상대가 자기를 안 좋아해도 아칫처럼 제니를 좋아할 수 있다고 생각합니다.

건호 짝사랑입니다.

"그럼 여러분도 여러분을 중심에 놓고 가족, 친구, 선생님, 이웃, 친척 등 주변 사람들과의 연결망을 만들어 봅시다."

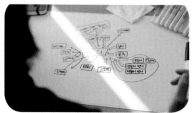

"다 한 학생끼리 한 모둠을 만들고 아직 못한 학생끼리 나머지 모둠을 만들어 봅시다."

"모둠별로 세 명, 네 명씩 모였는데 서로 돌아가면서 발표해 봅시다."

늦은 밤까지 수업 내용을 정리하며 마지막 차시는 영화 읽기처럼 학생들과 함께 수업을 되돌아보고 싶었다.

학생들과 나누었던 이야기를 모두 기록하여 차시별로 정리하였다.

학생들과 해야 할 수업이 너무 많다. 한 번 했다고 넘어가는 것이 아니라 했던 수업을 다시 돌아보는 시간이 있으면 좋을 것 같았다.

함께 찍은 사진을 보며 회상하듯 수업을 학생들과 함께 다시 돌아보면 유익할 것 같았다.

'이제야 아이들의 말이 그대로 와닿는구나.'

나 사랑 설명서

차시	시량	주요 활동
	5분	• 지난 시간 떠올리기 배움 문제 : 우리가 했던 수업 다시 보기
8	30분	• 1차시부터 7차시까지 수업 기록 읽기 • 수업 소감 나누기 • 나 사랑 설명서 셀프 인터뷰
	5분	• 과제 안내 –잠들기 전에 행복한 순간을 사진처럼 떠올리기

"우리가 그동안 수업을 많이 했는데 솔직하게 말한 것이 별로 없는 것 같습니다. 우리가 어떻게 수업을 했는지 영상을 보면 좋겠지만 최근의 수업이므로 여러분과 나누었던 이야기를 읽으며 되돌아보겠습니다."

건호
It's 〈나 사랑 설명서〉

※ 주의: 이것은 구건호의 극히 주관적인 설명서이다. 구건호는 신경이 초과민 상태이므로 조심스럽게 대해야 한다.

제1장 구건호를 대하는 법

1. 건드리는 것은 살살 하라. 이유는 박기현처럼 나를 세게 건드리면 신경이 즉각 응답으로 울음이 나온다.

2. 천천히 말하고 억양이 빡세게 나오면 안 된다. 이유는 구건호의 주먹이 나갈 수도 있거나 바로 욕 아님 "싫다." or "싫은데 내가 왜? 얼마 줄 건데? 한 3억 주면 생각해 볼 게."라고 할 수도 있다.

제2장 구건호를 안 울리는 방법

그냥 울릴 행동을 하지 마라. 1학년들이라도 내가 싫어하는 행동을 어느 정도 알 것이다.

제3장 구건호 울음을 그치는 방법

1. 건프라를 사준다고 하라. 내가 일곱 살 때 엄마가 실수로 나를 울렸을 때 건프라를 사준다고 해서 울음을 그쳤다.

2. 음식을 사준다고 하라. 이유는 내가 먹는 것을 좋아하기 때문이다.

제4장 구건호를 건드리면 당하는 일들

빨간색으로 이름을 열네 번 적힘, 머리에 물 뿌리기, 뒷담까기, 욕하기 등

소연
나 사랑 설명서

내가 싫어하는 것

– 그러면 안 된다는 것을 알면서도 게임(등 공부나 취미생활 이외의 시
  간 낭비)을 하다가 늦게 자는 나

– 시간 낭비

– 죄책감이 생길 행동

– 누구랑 같이 있는데 어색한 상황

– 씻기

– 잘 안 되는 것을 해야만 할 때

내가 좋아하는 것

– 뮤지컬 노래 듣기

– 내가 좋아하는 것에 관해 이야기하기

– 팬텀싱어(에 나오는 사람, 노래)

– 한국사

– 나니아 연대기

– 상상하기

– 맛있는 음식 먹기

– 노래 가사 외우기

– 내가 일어나고 싶을 때까지 자기

– 내키는 대로 노래를 부르거나 피아노 치기

– 별 헤는 밤(시, 노래)

소연
〈셀프 인터뷰〉 나에게 묻다

Q1. 가장 좋아하는 것은?
A. 팬텀싱어 보기, 팬텀싱어 동영상 보기, 팬텀싱어 노래 듣기, 팬텀싱어에 대해 이야기하기

Q2. 가장 좋아하는 노래는?
A. 팬텀싱어나 뮤지컬에 나오는 노래들. 가장 좋아하는 곡은 자주 바뀐다. 지금 당장 생각나는 곡은 'Belle(벨르)'다.

Q3. 가장 하고 싶은 것은?
A. 뮤지컬 보기

Q4. 다시 돌아가고 싶은 때는?
A. 뮤지컬 〈노트르담 드 파리〉를 볼 때. 그때 공연을 했던 배우 중 이충주라는 뮤지컬 배우를 나중에 TV프로그램에서 보고 좋아하게 됐는데 다시 직접보고 목소리를 듣고 싶다.

Q5. 가장 좋아하는 책은?
A. C. S. Lewis의 〈나니아 연대기〉이다. 총 일곱 권이 있는 시리즈인데 일곱 권을 전부 총 세 번 정도 읽었다. 나도 식섭 나니아에 가보고 싶다는 생각을 자주 한다.

Q6. 좋아하는 색은?
A. 검은색, 하얀색, 하늘색

Q7. 싫어하는 것은?
A. 울렁거림, 피곤함, 추위, 더위, 간지러움, 안경알이 더러워지는 것, 체력단련. 특히 잠이 오는데 자지 못하는 것은 정말 끔찍하다.

Q8. 가장 힘들어하는 것은?
A. 자유 창작 활동. 뭘 하면 좋을지 고민만 하다가 시간이 다 가버린다. 딱히 머릿속에 떠오르는 주제가 없을 때 글을 쓰는 것도 정말 힘들다.

Q9. 가장 뿌듯했던 때는?
A. 백혈병 어린이를 위한 모금함에 돈을 넣었을 때. 지금까지 살면서 가장 잘 쓴 돈이라고 생각한다.

Q10. 스마트폰으로 가장 많이 하는 것은?
A. 팬텀싱어 노래 듣기. 게임도 많이 하지만 원칙적으로 하루에 최대 1시간 30분까지인데 노래는 3시간에서 거의 5시간을 틀어 놓기도 한다.

영화가 되어버린 수업

나 사랑 설명서를 만들기 위해 연결망을 만들던 시간이었다.

"모둠별로 한 명씩 발표해 볼까요? 은희가 해볼까요?"

은희 마지막에요.

"조금 전에 보니까 선생님을 부담스럽다고 했던데요. 엄마, 아빠와 선생님은 어떤 차이가 있어서 그런가요?"

은희 선생님은 너무 부담스럽고 엄마, 아빠는 조금씩 기대를 하니까요.

"선생님은 은희한테 너무 기대가 큰 거 같아요? 그래서 부담스러운 거예요?"

은희 네.

"여러분의 연결망에서 검은색이 있는 사람을 생각하면서 편지를 써 봅시다."

"아까 은희가 선생님이 검은색인 이유가 뭐라고 했어요?"

건호 부담스럽대요. 기대를 많이 해서요.

"선생님이 몰랐어요. 선생님이 정말 미안합니다. 눈물이 나네요."

잠시 눈물 몇 방울만 날 줄 알았는데 주체할 수 없을 만큼 눈물이 났다. 수건으로 눈을 가리고 5분이 지나고, 10분이 지나도 눈물은 멈추지 않았다.

학생들은 연기를 잘한다며 웃었다.

안 되겠다 싶어 잠시 나가서 씻고 왔다. 그제야 학생들은 진짜 눈물이라는 것을 알았다.

"선생님이 왜 눈물이 났냐면, 졸업이 얼마 안 남았는데 너무 늦게 알았어요. 진작 알았다면 은희가 부담을 느끼지 않았을 텐데. 여러분도 이해해줄 거라 생각합니다."

"은희가 솔직하게 이야기해줘서 선생님이 너무 좋아서 눈물이 났어요. 거짓말로 좋다고만 할 수도 있는데 그게 선생님에게 도움이 되는 것은 아니거든요. 솔직하게 말해줘서 고마워요."

"오늘 마무리를 못 했는데 알림장으로 과제를 주겠습니다. 수고 많았습니다."

학생들을 보내고도 20분 넘게 눈물이 나왔다.

반 아이들이 입학할 때 함께 왔던 2012년이 떠올랐다. 그리고 올해 3월, 담임으로 만나면서 마지막 해를 즐겁게 보내자고 했다. 서로 잘 안다고 생각했는데 그 가운데 중요한 것을 놓치고 있었다는 것을 깨달았다. 꼭 은희가 나를 부담스럽다고 해서 눈물이 난 것이 아니었다.

그 많은 수업 시간 동안 학생들은 솔직하게 표현하는 것에 대해 얼마나 두려워했을까? 거부당할 수 있다는 학습된 두려움에 얼마나 익숙해져 있었을까?

비단 학생뿐 아니라 함께 근무했던 동료 교사, 교직원, 학부모의 모습까지 떠올랐다.

그리고 초등학교 6학년 때 어떤 발표라도 미소지며 들어주셨던 담임 선생님의 모습이 아른거렸다.

해설

영화 읽기는 왜 해야 할까요?

요즈음 어린이를 일컬어 영상물 세대, 스크린에이지(screen age) 세대라고 한다. 영상물을 시각적으로 보고, 청각적으로 들으면서 성장하는 세대이기 때문이다. 영상 이미지들은 시각과 청각으로 어린이들의 의식과 무의식에 영향을 준다. 이는 정서와 태도를 결정하고 선택하는 데 영향을 미친다.

어린이들의 시각과 청각에 영향을 주는 요소는 영상물의 내용, 스토리, 이미지뿐만 아니라 영상물 환경도 포함된다. 오늘날 영상물 환경은 영화관이나 집처럼 특정한 공간과 시간을 할애해서 영상물을 관람하거나 접속하는 방식이 아니다. 어떤 공간이든지, 시간에 구애됨 없이 원하기만 하면 언제든지 영상물을 관람하고 접속할 수 있는 '구글 시대(in the Age of Google)'이다. 구글 시대의 영상물을 관람하는 방식은 구글링(googling)이다. 영상물도 다른 정보들과 마찬가지로 구글링의 대상이고, 구글링을 통해 획득한 정보는 자기 것으로 만들 필요와 욕구를 느끼지 않는다. 그저 확인하는 것에 그쳐도 된다. 필요하면 언제든지 구글링할 수 있기 때문이다.

영상물 자체의 영향력과 영상물 환경의 변화로 어린이들은 공간과 시간에 방해를 받지 않고 영상물에 접속해 관람 할 수 있다. 이 세계는 현실과 가상 세계가 분리되지 않은 '뒤섞인 현실(mixed reality)'이다. 현실과 가상이 '뒤섞인 현실'에서 어린이들의 현실 감각은 현실적이면서도 비현실적이다. 어린이의 일상적 삶은 숨을 쉬고 밥을 먹고 잠을 자는 구체적인 현실이다. 현실에는 아름다움과 추함, 기쁨과 고통이 뒤섞여 있다. 고통이 있어서 기쁨이 소중하고, 기쁨이 있어서 고통이 가치가 있다. 이러한 현실이 어린이들의 삶이다. 그런데 구글링 세대인 어린이들에게 고통은 없어져야 할 나쁜 것이고, 기쁨만 곁에 두고 싶은 좋은 것이다. 이제 어린이는 현실을 직면하면서 자신들 스스로 세계를 창조할 수 있는 내적인 힘을 길러야 하고, 부모와 교사는 아이들이 스스로 살아갈 수 있는 내적인 힘이 뿌리를 내릴 수 있도록 도와야 한다.

영화는 어린이들이 관람하는 영상물 중에서도 교육적 가치와 효과가 있는 매체이다. 영화는 영상물 가운데서도 어린이들이 공감할 수 있는 이미지와 스토리, 친밀한 사람이 등장하는 가상의 세계이며, 인간의 인식 기능과 유사하기 때문에 영화를 활용하는 것은 삶을 읽는 역할을 할 수 있다. 영화는 시각과 청각을 통합한 이미지로 구성되어 인간의 감각을 자극한다. 인간의 감각 인식과 유사한 원리도 작동한다. 인간 역시 감각을 통해 지각하고 정서가 촉발되며, 이를 통해 태도와 행위를 결정한다.

영화가 자극하는 감각은 시각적 촉각 경험이다.[1] 시각적 촉각은 '눈으로 느낄 수 있는 촉각적 경험'이라는 의미이다. 직접 만져서 느껴지는 것이 아니라, 시각을 통해 평면적으로 보이지만 간접적으로 그 촉감의 느낌을 알 수 있다. 직접 손으로 만지지 않고서도 시각적으로 느낄 수 있는 촉각은 영화가 갖는 특징이다.[2] 가령 영화를 볼 때, 주인공이 쿠키를 바스락 소리를 내면서 맛있게 먹으면 관람하는 어린이들도 시각, 청각, 미각을

---

1) 이혁재·김보연. 「사용자와의 효과적인 연결을 위한 시각적 촉각성 연구 – 디지털 매거진의 현황을 중심으로」, 「디지털디자인학연구」 15권 3호 (한국디지털디자인학회, 2015), p.587. 재인용.
2) 이한석·김기근·지용선,. 「3D 입체애니메이션에서 시각적 촉각성에 관한 연구 -3D 입체애니메이션 "몬스터호텔"을 중심으로」, 「커뮤니케이션 디자인학연구」 43권 (커뮤니케이션디자인학회, 2013), pp.68-69.

동시에 느끼면서, 쿠키를 직접 먹는 것 같은 느낌이 든다. 얼음 빙산이 무너지는 장면을 보면, 얼음 빙산이 자신에게 무너질 것 같은 느낌이 들어서 영화를 관람하는 도중 몸을 순간적으로 움찔하면서 두려움을 느낀다. 이처럼 맛있다는 느낌, 무섭다는 느낌이 시각과 연결되어 직접적 몸의 촉각으로 확인하지 않더라도 감각의 전이 때문에 촉각적 경험을 할 수 있는데 이것이 시각적 촉각이다.

시각적 촉각을 자극하는 영화는 어떤 감각의 대상보다도 강렬하다. 그 이유는 영화적 이미지가 현실의 대상적 이미지보다 즉각적이고, 인간의 공감각을 자극하며, 정서를 촉발하기 때문이다. 인간의 두뇌에는 거울 뉴런(mirror neuron)이 있어서 자연스럽게 타인의 정서를 모방한다. 거울 뉴런은 동물이 어떤 동작을 할 때와 마찬가지로 다른 개체가 하는 동작을 관찰할 때도 같은 방식으로 움직이는 신경세포이다. 영화는 거울 뉴런을 통해 등장인물에게 같은 감정을 투사하도록 한다.

그리고 영화는 인간이 의미와 가치를 창출하는 시간과 공간을 영화적 상상력으로 구상할 수 있고, 의미를 세계로 만들어 주기 때문에 가치가 있다. 영화에서는 일상적 삶이 이루어지는 시간과 공간을 영화적 요소로 자유롭게 구성할 수 있기 때문에 현재의 일상보다 더 일상처럼 느껴진다. 영화의 세계에서는 시간이 공간화되고 공간이 시간화된다. 절대적인 시간과 공간이란 영화에 존재하지 않는다. 공간과 시간은 서로 연

---

3) 같은 논문.
4) 거울 뉴런은 원숭이의 뇌에서 처음 발견되었다. 이탈리아 파르마 대학에서 짧은 꼬리 원숭이(macaca nemestrina)가 특정 행동을 하는데 특정 행동을 할 때 특성 뉴런의 활성화에 한다는 연구에 의해 발견된 것이다.

결되어 있다. 시간의 흐름은 공간을 통해 확인되고, 공간은 시간의 변화를 통해 의미를 가지기 때문이다. 영화를 '시·공간 연속체'(space-time continuum)라고 부르는 것도 이 때문이다. 관객은 영화가 시간과 공간 그리고 인간 사이에 존재함을 경험한다. 영화가 가진 이러한 특성은 초등학생들이 현실을 직면하고 스스로 의미 있는 세계를 창조하는데 긍정적인 경험을 제공해 줄 수 있다.

초등학교에서 영화를 활용하는 교육이 이루어지기도 하지만 우리는 다음의 방향에서 영화 읽기 교육이 이루어졌으면 하는 기대를 하고 있다. 우선 영화 읽기 교육은 어린이의 삶이 중심이 되는 방향으로 이루어지는 것이 좋다. 어린이의 발달단계를 고려하고, 이들이 삶의 의미를 끊임없이 모색하는 자세를 길러준다는 의미를 함의한다.

우선 어린이들이 발달단계와 삶의 의미(meaning in life)를 모색한다는 관점에서 영화 읽기를 한다는 의미는 무엇인가? 이 물음은 동전의 양면처럼 연결되어 있다. 어린이들이 발달 단계 중에서도 인식의 발달과정은 의미를 부여하는 특성과 연결될 수밖에 없기 때문이다. 어린이들이 좋다고 인식하면 좋다는 대상 혹은 사물에 의미부여를 한다. 그리고 이를 추구하면서 살아간다. 유년기를 지나서 초등학교에 입학하는 저학년 어린이는 대부분 대상 및 현실에 대한 지각 능력이 감각에 의존한다. 이들은 현실 세계를 감각을 통해 지각하고 인식, 추론한다. 이성적 추론보다는 감각적 이미지로서 대상을 인식하는 경향은 이들이 살아가는 태도에 반영된다. 일상생활에서 보는 나뭇잎, 꽃, 바람, 책가방, 신발 등은 한 컷한 컷 이미지로 기억된다. 더구나 이들은 정교화된 일상 언어를 구사하는 것보다는 상상력이 발달하고 있기 때문에 가을 단풍나무, 책상, 책가방처럼 객관적인 물질도 상상의 세계에서 만날 수 있는 대상으로 바꾼다. 물질로 된 나무이지만, 요정, 상상의 동물, 한 번도 본적이 없는 곤충 등이 사는 곳으로 상상할 수 있는 시기가 초등학교 저학년이다. 책상, 연필 등도 말을 할 수 있는 의인화 대상이 된다.

어린이들의 인식 능력에 관한 이론인 라깡의 거울이론에 의하면 어린이는 현실 세계와 상상 세계를 동시에 사는 존재이다. 라깡은 인간의 성장 과정을 상상계, 상징계, 실제계로 구분하여 설명한다. 그의 구분에 따르면 유아기와 초등학교 저학년은 상상계에서 상징계로 진입한 상태이다. 상상계는 상상과 아름다움이 가득한 느낌의 세상이자 논리적 인과관계가 약한 세계이다. 반면 어른들이 사는 상징계는 논리적이고 인과관계가 분명한 세계이다. 논리적 인과관계는 유용성과 효율성의 상징이 되는 곳으로 합리성의 질서가 지배하는 현실의 세계이다. 어린이를 교육하는 어른들의 현대사회는 유용성과 효율성이 가치와 의미가 있는 것으로 상

---

5) 라깡은 인간 자체를 상상계(The Imaginary), 상징계(The Symbolic), 실재계(The Real)의 세 과정을 통해 설명한다. 상상계는 자아(ego), 즉 주체가 탄생하고 그것이 인식되는 과정까지의 과정을 말한다. 상상계는 어린아이가 태어나서 자신을 인식하기 전까지의 원형적인 단계를 상징하며, 상상계의 마지막 과정에서 '거울단계 (mirror stage)'를 거치게 된다. 어머니와의 동일시를 통해 자신의 모습을 어머니의 모습이라고 생각할 때는 주체가 형성되지 않는다. 하지만 거울단계를 통해 생후 6개월이 된 어린 아이는 거울에 비친 자신의 모습을 관찰하고 바라보게 된다. 이것이 거울단계인데, 어린 아이는 자신의 통제하지 못하는 미숙함을 거울에 비친 자신의 모습을 바라보면서 극복한다. 이 때 거울을 비춰진다는 것은 거울이 아닌 아이 눈에 비친 타인의 모습을 상징하는 것일 수 있다. 아이는 자신의 신체를 자유롭게 움직일 수는 없지만 거울에 비친 자신의 모습을 통해 총체적인 자신의 모습을 인식하고 이를 통해 주체를 탄생시킨다. 이것을 '이상적 자아(ideal라고 하는데, 객관화되기 전의 나에 해당되며 타자에 의해 보여 진 나라는 것이라는 것을 인식하지 못할 때의 나이다. 그런데 거울을 통해 보여 지는 이미지가 자신이라고 여기기도 하다가 아닌 것을 알고 부조화를 경험한다. 상징계는 현실세계 즉 사회질서를 상징하며, 언어를 포함하여 모든 법질서들이 이에 해당한다. 상상계에서 인긴은 상징적인 것에 저항하며, 자신의 것을 찾기 위해 노력한다. 실재계는 상징계와 같은 질서 체계인 언어 밖에 있고 상징화에서 벗어난 영역을 뜻한다. 이는 상징적인 것에 저항하는 무엇이며 질서체계로부터 벗어난 인간 본연의 공간이기도 하다.

징된다. 유용성과 효율성은 경제적 질서가 삶을 유지하는 상징으로 간주하기도 한다. 어른들은 일상에서 발생하는 모든 사건을 유용성 및 효율성의 관점에서 예측하고 단정한다. 세상이나 인생이 예측할 수 없는 곳임에도 유용성이라는 논리적 잣대로 단정한다. 이들이 속한 상징계는 우연과 모순이 있는 일상의 불안을 유용성과 효율성의 논리로 제거 혹은 외면하면서 외형적으로 안정된 삶을 유지하는 듯 보인다. 그러나 어린이들처럼 상상력은 없다. 자기 관점에 따른 자의적 해석이 가능한 자기합리화의 세계일 수도 있다.

어린이는 어른의 기존 상징계를 경험하면서 기존 상징계의 현실이 자신이 추구해야 할 이상적인 세계, '나' 자신이 스스로 구축한 세계가 아님을 자각하고, 자신들이 살아야 할 상징계의 삶을 주체적으로 형성해 간다. 즉 어린이는 자신들 스스로 인간다운 삶, 가치 있는 삶을 탐구하고 성찰하면서 주체적인 삶을 살고자 한다. 물론 어린이는 스스로 탐구하려는 상징계와 기존질서를 상징하는 어른 사이에서 끊임없는 갈등을 경험하면서 자신들의 실제 세계를 구축해 가고자 한다.

미야자키 하야오(Miyazaki Hayao)감독의 작품 〈센과 치히로의 행방불명〉(The Spiriting Away of Sen and Chihiro, 千と千尋の神隠し, 2001)은 이 과정을 친절하게 보여주는 영화이다.

이사가는 치히로

놀이 공원 입구

놀이 공원 입구

카드와 지갑을 믿고
식당 음식을 먹는 부모

돼지로 변한 부모

온천으로 가는 다리

강의 신 하쿠와의 도움

치이로의 이름을 찾은 센

출처 : 〈센과 치히로의 행방불명〉(2001) 네이버 영화 스틸컷
http://movie.naver.com/movie/bi/mi/photoView

소녀 치히로는 부모님과 자동차를 타고 이사를 가고 있다. 그러나 이
들이 탄 차는 목적지로 가는 도중에 길을 잃고 낯설고 낡은 터널 앞에 멈
춘다. 치히로는 돌아가자고 말하지만, 엄마와 아빠는 호기심에 터널을 지
나가고자 한다. 그곳에는 지금은 폐허가 된 놀이공원이 있다. 여기저기
둘러보던 엄마, 아빠는 음식이 가득 차려진 식당을 발견하고 주인이 없음

에도 불구하고 망설임 없이 허겁지겁 먹기 시작한다. 하지만 치히로는 왠지 불길한 기분에 사로잡힌다. 주인이 없는 식당에서 함부로 음식을 먹지 말라고 하지만, 카드와 지갑이 있기 때문에 나중에 음식값을 지급하면 된다고 호언장담하는 아빠다. 얼마 지나지 않아 엄마, 아빠는 흉측한 돼지로 변해버린다.

당황한 치히로는 눈 앞에 펼쳐진 건물 쪽으로 들어가고, 그때 갑자기 등장한 소년 하쿠가 치히로를 잡아끈다. 치히로는 웅장한 온천장에 도착한다. 마녀 유바바가 지배하는 이 온천장은 밤마다 온갖 신들이 찾아와서 놀고 먹는 곳이다. 돼지가 된 엄마, 아빠를 찾아 함께 돌아가야 한다는 생각에 치히로는 일단 그곳에 머물기로 한다. 유바바의 명령에 따라 치히로는 온천장의 새로운 종업원이 되고 이름을 잃어버린다. 그러던 중 자신을 도와주었던 소년 하쿠와 재회한다. 치히로는 그가 유바바에게 마술을 배우러 왔다가 진짜 이름을 빼앗기고 이전으로 돌아갈 길을 잃었다는 사실을 듣는다. 그러던 어느 날 치히로는 상처 입고 쓰러진 용을 보게 되고, 그 용이 하천의 신인 하쿠임을 알아챈다. 하쿠를 구하고 엄마, 아빠에게 걸린 마법을 풀기 위해 치히로의 모험은 시작되고, 그녀의 이름을 찾는 과정이 이 영화의 내용이다. 이 영화는 카드와 지갑으로 상징계를 대표하는 부모의 세계, 눈물과 사랑의 마음이 넘치는 어린이의 상상계를 이항 대립적으로 연출하고 있다.

상상계에 속한 어린이가 살아가는 상징계는 이들을 비추는 거울의 세계이다. 어린이들은 자신의 모습을 거울 즉 타자나 세계가 비추어주는 모습을 자신의 모습으로 인식한다. 어린이들에게 영향을 주는 부모가 '너는 착한 아이'라고 칭찬하면, 자신을 착한 아이라고 인식하고 느낀다. 반면 '너는 나쁜 아이'라고 말하면, 자신은 나쁜 아이로 느낀다. 물론 거울에 비친 내 모습은 실제의 내 모습이 아니다. 오목 거울 혹은 볼록 거울처럼 거울의 종류에 따라 나의 모습은 달라질 수 있기 때문이다. 어린이는 성장하면서 거울에 비친 내 모습이 일관적이지 않을 뿐만 아니라 타자에게 비친 모습이라는 것을 인식한다. 즉 거울에 비친 내 모습이 실제가 아님을 자각하고, 내 모습을 찾기 위해 노력한다.

상상계에서 상징계로 성장하는 과정은 네 가지 단계로 설명할 수 있다. 거울 속의 영상을 실제적 존재로 지각하는 단계 → 거울 속의 모습이 하나의 이미지임을 인식하고 거울 뒤에서 실재를 찾으려 노력하지만 실패하는 단계 → 거울 속의 이미지가 결국 자기 자신의 반영이라는 사실을 지각하는 단계 → 자신의 모습을 찾고 구성하면서 실제계로 넘어가는 단계로 비유할 수 있다. 이처럼 초등학교 어린이는 거울로 상징되는 타자 혹은 세상이 비춰주는 이상적 자아(ideal self)와 자신들의 현실 자아(real self) 사이의 간극을 경험하면서 점차 이 두 자아 사이의 간극을 메우고 현실의 삶에 발을 디딘 자신의 모습을 찾아가는 여정을 사는 것이다.

이렇게 볼 때, 어린이들이 상상계에서 상징계로 들어갈 때 중요한 사람은 우선 어린이들의 성장 과정에 거울 역할을 하는 유의미한 타자(significant other)이다. 양육자와 친구처럼 유의미한 타자는 성장의 디딤돌 역할을 한다. 유의미한 타자들의 역할은 소통의 대상이 되어야 한다. 일방적인 훈계가 아닌 옆에서 지지하고 위로하면서 같이 걸어가며 소통하는 사람들이어야 한다.

그런데 구글링 세대인 어린이들은 현실의 타자가 아니라 가상의 세계에 존재하는 타자를 유의미한 타자로 느끼는 경우가 있다. 영화를 통해 만나는 타자는 인터넷을 통해 클릭만 하면 만나서 소통할 수 있다. 부모님이나 친구와 같은 거울의 관계 형성은 시간과 정성을 들여야만 친밀한 관계를 유지할 수 있다. 그런데 영상물의 세계에서는 내가 단지 욕구하고, 좋으면 선택하지만 싫어지면 접속을 그만두면 된다. 타자와 관계를 형성할 때 긴장감, 고통을 견딜 필요가 없다. 내가 애써 노력하지 않아도 되는 세계인 것이다. 따라서 영상에 등장하는 타자의 세계가 중심이 되고, 현실 세계와 현실의 유의미한 타자가 부차적이 되면 어린이들 스스로 정체성의 혼란을 경험하며, 이는 결국 이들 스스로 상징계의 삶을 구축하기 힘들게 하는 원인으로 작용한다. 그리고 무엇보다도 인생의 여정을 걸어가는 것은 주체적 '나'임을 자각하는 것이 중요하다. 물론 '나'는 사회적으로 구성되는 것이지만 그 '나'를 자각할 수 있는 '나'에 관해 물음을 던지고 그 물음에 답을 찾아가야 함을 자각하는 것이 중요하다.

영화 읽기는 어떻게 하면 좋을까요?

어린이들에게 영화는 일상적이면서 일상을 넘어서는 경험의 공간이다. 부모님과 같이 가는 영화관, 친구들과 함께 보는 영화, 수업 시간에 선생님과 함께 관람하는 영화는 영화 자체, 영화를 관람하는 그 순간의 경험, 사회적 환경 등 다양한 요소가 작용하고, 다양한 정서가 스쳐지는 경험의 공간이다. 영화 공간은 영화를 관람하기 이전의 일상적 경험→영화를 관람하는 경험→영화를 관람한 이후 경험으로 이어진다. 영화 공간은 일상적으로 단절되었지만 단절될 수 없는 연속적인 공간이자 시간이다.

영화 경험을 의미로 연결하려면 다음의 방향을 고려하면 좋을 것 같다.

첫째, 어린이가 자신의 감각 발달 수준을 자각하여 편향되거나 왜곡된 감각을 확장할 수 있는 방향으로 영화 읽기 수업을 설계하고 진행하는 것이 좋다. 영화는 학생들의 시각, 청각 등을 자극하고 확장할 뿐만 아니라 특정한 감각만 발달시킬 수 있다. 이를 위해 학생들이 영화를 관람하면서 촉발되는 다양한 감각을 자각하는 교육을 하는 것이 중요하다. 학생들이 자신의 감각을 자각할 수 있도록 교사는 세심한 노력을 해야 한다. 무엇보다도 학생들이 영화를 통해 촉발된 감각을 내면의 긍정적인 자원으로 활용하고 도덕적 성찰의 에너지로 활용할 수 있도록 한다.

영화 읽기를 통해 감각 수업을 할 경우 초등학교 저학년은 구체적인 이미지로 구성된 5-10분 정도의 단편 애니메이션이 효과적이다. 초등학교 중학년은 주제와 스토리가 복잡한 영화를 선정하는 것도 좋다. 영화의 스토리나 주제, 등장인물에 반응하는 자신의 감각과 정서적 반응을 자각하도록 돕는다. 고학년은 자아정체성 형성에 도움을 줄 수 있는 역사적 스토리가 담긴 영화를 선정해서 읽기 수업을 할 수 있다.

둘째, 영화와 '나'와의 거리를 자각할 수 있는 수업을 한다. 초등학생들은 사물, 사람에 대한 감각의 반응이 자기중심적일 가능성이 높다. 나와 나, 나와 타자 사이의 거리, 보이는 것과 보이지 않은 세계의 관계를 타자의 관점, 참여적 관찰자의 관점에서 인식하기 힘들다. 영화를 관람할 때, '관람하면서 반응하는 나'와 '관람하면서 반응하는 나를 관찰하는 나'를 배울 기회를 제공해 줄 수 있다. 세상의 중심이 '나'이지만 이 '나'는 끊임없이 대상과 사물, 사람들과 소통하고, 성찰하면서 의미를 추구하는 존재임을 자각할 수 있도록 하는 영화 읽기 수업을 계획한다.

셋째, 어린이들 스스로 영화의 세계가 가상의 세계(시뮬라크르, simulacre)라는 것을 인식할 수 있는 활동이 포함된 수업을 한다. 물론 스크린 세대에게 가상의 세계와 현실의 세계가 이분법적으로 구분되지 않을 정도의 초현실 세계이지만, 어린이들이 현실 세계가 아닌 이미지로 형성된 가공의 가상 세계임을 자각할 수 있어야 한다. 사실 초등학교 저학년인 1학년의 경우 영화의 세계가 가상세계라는 인식의 경계가 모호하다. 영화에 등장하는 캐릭터를 본뜬 인형이나 모형과 이야기를 하고, 캐릭터가 그려진 옷을 입으면 자신이 그 인물이 된 것 같은 행동을 한다. 초등학교 어린이들의 모방 행동은 겉으로는 청소년기와 유사하지만 인식의 정도와 수준이 다르다. 청소년들은 그것이 가상세계임을 인식할 수 있지만, 어린이들은 이들의 발달적 특성상 가상세계라는 것을 자각하기 어려울 수 있다. 위에서 고찰하였듯이 이들이 감각적이고 상상력이 발달하는 단계에 있기 때문이다.

영화의 세계가 가상세계라는 것을 자각하지 않으면, 어린이들 스스로 현실 인식의 근거가 되는 '자기 감각'의 발달이 둔화될 수 있다. 어린이들 스스로 자신의 신체감각, 오감, 인간에 대한 감각, 아름다움에 관한 감각, 영혼에 대한 감각을 발달시키지 않으면 자아정체성은 물론 자기 존재감을 상실할 수 있다. 자기 감각이 있어야, 삶에 관한 내·외적 존재적 물음을 던지면서 삶의 의미를 찾아갈 수 있기 때문이다.

가령 어린이들에게 물어보자. 풀밭에 가서 풀벌레를 관찰하는 것과 편안한 공간에 앉아서 풀벌레를 영상으로 관람하는 것이 어떤 것이 좋은지? 만약 비가 오는 날이라면 어떤 것이 좋은지 라고 물으면 각자 자신에게 적합한 답을 할 것이다. 그런데 어떤 상황에도 똑같이 대답하는 어린이가 있다. '저는 모든 것이 귀찮아요. 편안하게만 해 주세요. 영상만을 보고 싶어요. 걷는 것은 싫어요'라고 답하는 어린이들이 있다면, 감각이 갖는 존재의 기쁨을 느끼지 못하는 것이다. 풀밭을 걷는 감각적 경험, 비 오는 날의 감각적 경험은 그저 단순한 수동적인 경험이 아니다. 모든 경험은 의식과 무의식의 흔적을 남긴다. 경험의 흔적은 그 이후 경험하는 사건들에 관한 선행 경험이 된다. 풀밭을 걷는 감각은 다른 경험과 이어진다. 그런데 만약 영화를 관람하는 감각 경험만이 중요한 자극이 된다면, 세상과 연결된 감각을 발달시키지 못하고, 이는 결국 건강한 어른으로 성장하는 데 어려움을 겪을 수 있다.

어린이를 위한 영화 읽기 교육은 감각을 확장하기도 하지만 감각의 한계를 자각하고 그 자각을 통해 의미와 가치를 모색하는 과정이어야 한다. 영화 읽기 교육을 하는데 정답이 아닌 물음만 있는 이유이기도 하다. 영화 읽기 교육에서 중요한 것은 교사와 어린이, 어린이와 어린이, '나'와 관람하는 '나', '나'와 현실의 세계가 소통을 시작하는 것이 중요하다. 그리고 끊임없는 물음을 던지고 고민하는 출발점이 되어야 한다. 우리는 왜 영화를 읽어야 하고, 읽는다고 하는 행위는 삶에 어떤 의미를 주는지를 지속해서 묻는 것이다. 해답에 안주하지 않고 〈버팔로 라이더〉(Buffalo Rider, 2015)에 등장하는 주인공들처럼 걷고 달려보자.

저자

이미식
사각형프리즘 소장
BIKY 집행위원
부산교육대학교 교수
이해와 공감, 믿음과 실천, 민감하고 용감한 이끔이

이태윤
사각형프리즘 연구원
BIKY 교육프로그래머
초등학교 교사
허풍을 현실로 만들려는 몽상가

정동준
사각형프리즘 연구원
초등학교 교사
인간 능력의 한계에 대해 고민하고 실천하는 실험가

이정석
사각형프리즘 연구원
초등학교 교사
이런저런 경험들로 새로움을 창조할 편집가

김상화
BIKY 집행위원장
BIFF 집행위원
날카로운 지성과 강인한 뚝심을 가진 두꺼비 아저씨